「たま」という船に乗っていた

らんちう編

司

【漫画】原田高夕己

JN010795

もくじ

第30話
醜いアヒルの子
だった「たま」は
イカ天キングに挑戦し
白鳥へと
生まれ変わった!?
完
奏
イカ天に出場した
「たま」の願いは只ひとつ
「ワイプ攻撃で消されず
完奏まで流れてくれ!
おたのみ申します!」
だったが
見事
その願いは現実の
ものとなったのだ!!
完奏だよ オーイ
良かったよな〜
思わず引き込まれ
たよ〜
そんな素直な感想を
もらす三宅裕司《みやけゆうじ》とは違い
審査員は「たま」を
どう評価していいか
戸惑っていた!
伊藤銀次

…あ〜まぁ
オリジナリティが良かったですよね
いやあのパーカッションの人の
動機のない盛り上がりが良かったですね
そんな中にひとり自分の思いを率直に伝えた審査員がいた！
あのネ！これは「能ある鷹は爪を隠す」かもしれない！
もしかしたらきっとスゴいモノがあるのかもしれない！
それはオペラ歌手中島啓江《なかじまけいこ》だった！
中島啓江
いや！私ね〜好き♥
ペカー
なんか涙でてきちゃった！
石川浩司《いしかわこうじ》の目にはそんな中島がまるで菩薩のように映った！
ボサツさま。。
それと同時に笑いもでちゃったけどネ
アハハ
ゴメンナサイネ〜

あと
バンドの名前が
イイ！
すごく その「たま」
っていうのがねぇ
愛おしく感じた！
平成
どのイベントに出ても
異端児扱いだった「たま」の
4人は自分たちを
「醜いアヒルの子」と
思っていたのだが
中島はそんな「たま」を
白鳥のように評価して
くれた！
ちなみに白鳥は
死の直前に美しく
鳴くという伝説から
死の直前に人生で
最高の作品を遺す事を
「スワンソング」
（白鳥の歌）という
これは
「白鳥の歌」だっ!!
そしてブラウン管の前で
「たま」の歌をそう評した
この紳士はまるで自らの
「白鳥の歌」を「たま」に
捧げるかのように
これから深く
「たま」と関わって
いくのである
話をイカ天に戻そう
「たま」完奏後
番組はにわかに騒がしく
なった
平成
ハイ
「たま」に1票
OH! GOOD!
AD
番組では審査員の他に
何十人かの在宅審査員が
いて気に入ったバンドが
あるとFAXで連絡があり
BAND TIME OH! GOOD!
Burn Trash 完奏
たま 完奏
TOKIO ROSE 完奏
TWIGGY 1分27秒
純バンド 2分00秒
Cast-The-Nets 2分55秒
THE XE'S 2分24秒
LE VIDE 完奏
電機バンド 2分57秒
THE LOCKS 2分09秒
サイバーニュウニュウ
バンド名が書かれた
ホワイトボードに
選挙よろしく赤い花の
飾りがつけられるのだ

そして「たま」の所には みるみる十数個以上の花が咲き乱れた！
TIME
OH!
Trash
たま
ROSE
完奏
完奏
完奏
1分27秒
2分00秒
あ……れっ？
「たま」だけ別で！「たま」だけ！
他のバンドはまとめてコメントしちゃって！
ギョギョッ？
もしやコレって…
そして前週の「キング」と戦う「チャレンジャー」発表の時が来た！
平成
それでは萩原さんのほうからチャレンジャーを
萩原《はぎわら》健《けん》太《た》
国内外の音楽シーンに精通する音楽評論家・プロデューサー・ディスクジョッキー
アマ時代のサザンオールスターズにギタリストとして加入していた経験もある
ハイ！テクニック・アイディア・センス それからインパクト
共に少なくとも僕はサイコーだと思います

「たま」のみなさんです!!
パチパチパチパチ
まさか自分たちがチャレンジャーになると思わなかった「たま」の4人はただ呆然としていた
いやースゴーイ
たしかにインパクトあるよね! 引き込まれちゃうものね
なると思ってた? チャレンジャーに
ブンブン

こうして「たま」は戸惑いつつも先週のイカ天キングだった「サイバーニュウニュウ」と対戦する事になった!
対するサイバーニュウニュウの曲は「ベガスのエルビスになりたい」
CMあけに結果は発表される!
今週のイカ天キングはどっちだ!?
ドーゾ!
スリー・ツー・ワン ゼロ!!
ズラーーーッ
KING
KING

あーっ
チャレンジャーの
優勝ーっ!!
オメデトー!!
14代目
イカ天キング誕生
オメデトー!!
本人達は
予想だにして
なかったが
どう?
今のキモチ
ア・・・
良かった
です
「たま」は14代目
イカ天キングに
輝いた!

「たま」には勝てないと思いました?
ウン!
コクッ
敗れて悔い無し!
サイバーニュウニュウのレプリ・シンはさわやかに去って行った!
ウゥ…チョット体調ガ…
体調が良くなかった!
メカ・エルビスは少々悔いが残る様子だった
しかし後年メカ・エルビスは石川浩司とそして同じくイカ天でキングになったバンド「宮尾すすむと日本の社長」のメンバー黒沢伸《くろさわしん》も含めた3人で「メカイシン」というユニットを結成する事になる!
まさに この「イカ天」が結んだ奇縁だといえよう!

〜つづく〜

第31話
イカ天1週目を勝ち抜いた「たま」はたった一夜でシンデレラボーイとなった！
24時間営業
養老乃瀧
歌舞伎町一番街
ウインナー
コロッケ
メンチカツ
エビフライ
BEER
あの…俺達勝っちゃったんだよね
…そうみたいだね

アレ?。
ってことは来週も出るってこと!?
イカ天に出場し見事 イカ天キングに輝いた「たま」の4人は
勝ち抜くことなど全く考えてもいなかったので次の週の曲のことも当然なんにも考えていなかったのだ！
どうしようか？
せっかく今回評判が良かったからまた知久《ちく》くんの曲でいく？
いやダンナ次は別の人が歌うってテレビで言ったじゃないですか
エッ？そーだっけ
「たま」は全員がボーカル取るし
せっかくだから他のタイプの曲もどんな反応があるか知りたくない？
じゃあヤナちゃんの曲でいくか！
！
いいスけど何にします？
何でもいいんだけどね〜
まあ今回の「らんちう」がアングラ丸出しだったから
ちょっとポップなあの曲でいくか！
——それから一夜明け…

その日の午後
石川《いしかわ》と知久は友人のライブを観に行くため新宿駅で待ち合わせをしていた
しんじゅく
SHINJUKU
いや〜 さっきまで新宿で飲んでたのに また来ちゃったね〜
ねえねえ！ 昨日のイカ天観た？
観た！ 凄いの出たよねー
だよねー！
ねぇ 知久くん あれって…
ウン もしかして俺達のことかなぁ…
ヒソヒソ
まあ「THE WEED」もイカ天で完奏したらライブ満員になったしテレビの影響は少なからずあるよね〜
「たま」の友人のバンド「THE WEED」がイカ天に出て話題になったことも
「たま」がイカ天に出場を決めた理由のひとつであった！
よーし ついたー！
プシュー
ワッ！！

ウワーーッ!
た、「たま」の方達ですよね?
ハ・ハイ!!
き、きのう観ましたよ、良かったです!
あ ありがとうございます
エッ!? たま!?
あ ホントだ!
ボーズ頭にオカッパ!
「たま」だーっ!!
「たま」があそこにいるぞー!!
!?

つまり
たった一夜にして
全く無名だった
「たま」が
いきなり
シンデレラの
ように周りに認知
されてしまったのだ！
STUDIO·1
使用中
数日後
ゲッソリ
どーしたの？
知久くん
疲れた顔して
いや留守番電話に
毎日数百件の
メッセージが
入っていて
それを聞くだけで
朝になっちゃうん
ですよ…
当時「たま」の
連絡先は知久の家に
なっており
ピー
100ケンデス
ほとんどはテレビを観た
ファンからかイタズラ電話だったが
中にはレコード会社や音楽事務所など
重要なものもあり全部聞かないワケ
にはいかなかったのだ！
それは まるで
カウンターだけの
常連さん相手の
居酒屋に
見知らぬ数千人もの
客が一斉に
ズドドドッと
暴れ馬のように
押し入ってきた状態と
思えばいいだろう

だからナゴムからの連絡がイカ天出場の直前だったのはギリギリセーフでしたよね
そう！春先にレコーディングしていた「たま」初のLPアルバム『しおしお』を12月に発売をすると
あー確かに！
もし今だったらイタズラ電話にまぎれて聞き逃してたかもね
ナゴムレコードからイカ天出場前に連絡が来ていたのだ
ちなみにイカ天初出場の11月11日のライブの前に真っ白なジャケットの『しおしお』のサンプルが数枚届いており
それにメンバーが直にサインを入れたジャケット無しの『しおしお』というプレミア限定品が販売されていたという事もあった
…………
どしたの？今度はヤナちゃんが浮かない顔して
あ…イヤ
何て言うか…このタイミングで出るのがいいのか悪いのか…

だってさ このレコードの プロモーションの ために イカ天に 出たと勘違い されそうじゃない?
あ〜ソレ あるかも…
まあ そんなに 気にしなくて いいんじゃない?
流行りのCDだったら プロモーションしてる ってカンジになるけど オレたちはレコード なんだしさ
当時 音楽ソフトは レコードからCDへと 移る過渡期にあった
この89年から数年もたたずして CD全盛の時代となり レコードは姿を消すこととなる
それはそうと そろそろ イカ天収録の 時間だけど
オッ もう そんな時間か
11月18日 イカ天 2週目本番!!
楽器ひいてもカゼひくな!

モジ
モジ
ハイ!
なんて曲かな?
「さよなら人類」
イカ天1週目で「らんちう」を完奏して日本中の度肝を抜いた「たま」が2週目に選んだ曲
それが さらに日本中を震撼させることとなった名曲「さよなら人類」だった!!
Roland

〜つづく〜

第32話
イカ天2週目
「たま」はさらなる衝撃をサルになる人類につきつけた！
二酸化炭素をはきだしてあのこが呼吸をしているよ
どん天模様の空の下つぼみのままでゆれながら
野良犬はぼくの骨くわえ
野生の力をためしてる
路地裏に月がおっこちて
犬の目玉は四角だよ

今日
人類がはじめて
木星についたよ
TEN

ピテカントロプスに
なる日も
近づいたんだよ
Roland

圧倒的だった!!
アラビアの笛の音ひびく町のはずれの夢のあと翼をなくしたペガサスが夜空にはしごをかけている
イカ天1週目に披露した「らんちう」のインパクトは大きく
武器をかついだ兵隊さん
その余波も残る中での2週目はいやが上にも「たま」に注目が集まっていた
南にいこうとしてるけど
そもそも勝ち抜く事など考えていなかった彼らは大衆に媚びないアングラの集大成をみせようと1週目に「らんちう」を選曲した
もしこれがもう少し大衆ウケを考えていたら
サーベルの音はチャラチャラと
すでにナゴムのオムニバスにも発表し「たま」の代表曲のひとつであったこの「さよなら人類」を1週目に選んでいたかもしれない
町の空気を汚してる
いや…もはやもう曲の順番など彼らには無関係だろう
今「たま」という船のうしろには
トンデモない勢いの追い風が吹いているのだから!!

つしんたーっ!!
「たま」の対戦相手は現役高校生バンドの「TRIDENT《トライデント》」
11月 26日
イカ天キングはどっちだ？
ドーン!
ジャジャーン!
KING
見事「たま」は満票で
3週目へと勝ち進んだ!!

キングが二連覇ー！
全員キングですかー？
アラマー！！
圧勝でしたよ！
わかってもらえるかどうか すごく心配してたんですけどわかってくれたみたいで…
それは審査員の先生方はわかってくれますよ
ニコニコ
中島啓江
TV
楽器何にしますか？
Roland
勝ち抜いた「たま」には1週目と同じく賞金10万円と副賞の楽器が贈呈された
Roland
またキーボードで
？
ふたつもキーボードもらうの？
Roland
そう！「たま」は1週目もキーボードを貰っていたのだ

あー…あのずっと
やってくれてた
マネージャーのコが
今度やめるんで
そのコに贈り物として
あー
泣けるジャーン
いい話聞かせて
もらいました！
イカ天へ
デモテープを送った
張本人であり
自身の音楽活動の傍ら
「たま」のスタッフを
務めていた
あかねだったが
このたび
スタッフを
辞することと
なったのだ
前回触れた通り
イカ天に
出たことで
騒ぎになり
知久《ちく》宅の電話は
パンク状態…
取材やら
音楽事務所の
オファーも
殺到…
そしてレコード
『しおしお』の発売も決定と
「たま」がアマチュアとして
立ち回るのも限界に来ていた
ギニャ!
そんな中
『しおしお』発売元の
ナゴムレコードの事務員の
女の子が救いの手を
差し伸べた！
あのう
じゃあ 私が
手伝い
ましょうか

エッ？
マネージャーやってくれるの？
アリガトー助かるよ！
ガシッ
ヨロシクね水橋さん！
彼女の名前は水橋《みずはし》文美江《ふみえ》
のちに脚本家となり
NHK朝ドラ「スカーレット」や
『映画 ホタルノヒカリ』等の
脚本を担当するに至る才女
「たま」が音楽事務所に
所属するまでの短期間だからか
水橋がマネージャーを務めていた
事実はあまり知られていない
余談だが石川浩司《いしかわこうじ》は
イカ天に出る前に
水橋の主宰する劇団
「まるまる行進曲」の
公演
「どっちに逃げた？・」に
主演した事もあった
オトウサン役
たのしい
仲秋日報
後に色々な舞台や
映画に俳優として
出演する石川だが
主役をはったのは
今の所 これが
唯一の例である

〜つづく〜

第33話
「たま」はイカ天を
勝ち進むごとにその音楽に
魅了された人々を不思議な
「たま」の世界へと
連れ去っていった!
アレ「たま」じゃない?
「たま」だ
「たま」がいるぞ!
ザワザワ
モグモグ
サンドイッチ
モグモグ
「らんちう」「さよなら人類」と「たま」の代表曲を出しちゃいましたけど次は何やりましょうか?
モグ
「たま」だ
「たま」!
知久《ちく》くん しゃべるか食べるか どっちかにしようぜ
水橋《みずはし》さんは何がいいと思う?

その2曲のイメージをくつがえす感じで
リズム感のあるアップテンポな曲とかどーですか？
ガタン
ゴトン
ガタン
ゴトン
それイイネ「たま」にはこんな曲もあるって知ってもらえるし！
アリガトー水橋さん その線で進めてくよ
STUDIO-1
使用中
ってコトでアップテンポならヤナちゃんの曲がいいかなーって
そーだネじゃ 演奏時間は3分だし
いっそのこと3分に満たないあの曲をやろっか
こうしてイカ天3週目に突入した！
火の用心!!イエーッともえても家燃すな!
普段 どーいう生活してるって どーしても気になるんだよね この顔みてるとね
ねえ 今日ゲタじゃないじゃーん！どーしたの？寒いから？

ちがう！オシャレよ〜
そーか　３週目だからオシャレ！
今日も勝ち抜かないとね　靴はいてきたしね！
司会の２人に一通りイジられたあと「たま」の出番がやってきた
曲名は？
アッ
「オゾンのダンス」
ダダダダダ
ダダダダダ
テケテーテーテーテ
テテテ
テーテ
テケ
テケ
テケ
月の光をあびながら
ワハハハハ
あのこは今夜も踊るのさ
はだしでステップふんだとき
ワハハハハハ
オゾンの子供が火を吹いた

ぐるぐるまわる
ダンスはどうだ
まわって
まわって
とけるまで

今までキーボードを
担当していた柳原《やなぎはら》はここで
はじめてギターを奏《かな》で
月の光を
あびなが
ら
知久はバンドには珍しい
マンドリンを爪弾《つまび》いた
あのこは
またもや
踊るのさ
滝本《たきもと》はいつも通り
淡々とベースを弾いて
夜風がスカート
ゆらしたら
石川《いしかわ》は今回も
大きな掛け声で
強烈なインパクトを
与える！
見えたよ
あのこの
まんじゅ
しゃが!!
「オゾンのダンス」は
狙いどおり
「たま」の違った一面を
知らしめたのであった！
まんじゅ
しゃが〜
まんじゅしゃが〜
まんじゅ
しゃ
が〜
そして審査結果は…
ドーン!
またも満票！
「たま」は
危なげなく
4週目に
勝ち進んだ！

ガチャリ
ブルルルン
まさか3週目も勝っちゃうとは…
4週目は何をやろーか？
じゃあさ 次は知久くんの「かなしいずぼん」とかどう？
イカ天の演奏時間は3分ですよ
「かなしいずぼん」は盛り上がるのが3分以降だからねぇ
そ〜か〜じゃあ王道的なカンジに戻って…
出口専用
ウイーン
バッ
キキーッ
ワーッ
危ないっ!!

バタン
ヘナヘナ〜
大丈夫かい キミッ！
ぼ…ボクを
ン？
ボクを「たま」のみなさんの所に連れてってくださいっ!!
エッ!?
い…や「たま」のみなさんの所って
僕ら みんなそれぞれ別の家に帰るんだけど
エッ!?
そう！どうやらこの少年は「たま」は全員が一緒の家に住んで活動していると思い込んでいたのだ
エート…
その何ていうか…
バイバイ
ライブ観にきてね〜

オレたち一緒に生活してるイメージあんのかな？
三宅《みやけ》さんもどんな生活をしてるか気になるって言ってましたよね
それにしても「連れてって」なんて人さらいじゃあるまいし
イヤーマイッタ
人さらい…というか「ハーメルンの笛吹き男」のイメージだと思うよ
笛吹き男？
オレ自身がその笛吹き男たちについていった子どもみたいなモノだからねちょっと あの子の気持ちがわかるよ
そう！ イカ天の反響でプロデビューの前から「たま」の世界に魅了された熱心なファンは
ザワ
ザワ
たま
すでにもう「たま」の世界に連れ去られたと言っても過言ではないだろう
いつの間にか「たま」は本人たちの知らないうちに
平成の「ハーメルンの笛吹き男」になっていたのだった！

〜つづく〜

第34話
快進撃を続ける「たま」はついにグランドイカ天キングのかかる5週目へと勝ち進んだが…!?
テン
テテ
テン
テテ
テンテテ
テンテテ
ココ
コッ
ココ
プーワワ
プワプワ
プー
ワ
ワ
プワプワ
お母さんはロシヤのパンを焼く
台所をいい匂いでいっぱいにする

柱時計の針を
なおしてる僕を
アルトの声で呼んでる
お母さんは
ロシヤのパンを焼く
おやつはいつだって
トラピストクッキー

「たま」が4週目に選んだ曲は「ロシヤのパン」だった
お姉さんはサンバを踊ってる
サンバ!!
サンバサンバ
ダダダッダダ
茶色い身体をくねくねさせている
くねくね〜
くねくねくねくね
1週目の「らんちう」以来となる知久《ちく》の楽曲を演奏する事で
「たま」の王道的な感じに戻って聴かせようという狙いがあったのだ!
そんな「たま」の世界観に対する評価はゆるぎなく
4週目も満票を獲得した!!
「たま」4週勝ち抜きました!
スゴーイ!
ちなみにイカ天を5週勝ち抜いたバンドはグランドイカ天キングになり
メジャーデビューがほぼ確実だった

初代グランドイカ天キングは「FLYING KIDS《フライングキッズ》」
2代目グランドイカ天キングは「BEGIN《ビギン》」
「たま」はその2組のバンドに続く3代目グランドイカ天キングの挑戦権を得たのだ
普通ならばグランドイカ天キングを目指して力を入れたり緊張したりする所だろう
しかし彼らはフツーではなかった
美舟
ゲプー
5週目なんの曲やりましょーかねぇ
オレと知久くんの曲はやったからGさんか石川《いしかわ》さんの曲だネ
あっ
ちょっと提案いいかな？
イカ天の5週目って勝ってもグランドイカ天キングになってオシマイ負けても当然オシマイで
もうこれ以上演奏が出来ないコトが決まってるでしょ？

だから どーせ最後なら勝ち負けよりもバンド合戦なのにギター一本だけでさ
あとはオモチャとコーラスのみなんてコトやって審査員や視聴者を腰砕けにしない？
となると石川さんのあの曲だよね
ウン だからちょっとためらいあるケドね
それいいですね！オモシロそー
「最後がコレかい」って感じがサイコーだね！
その上にみんな正装で出るなんてどうかな？
お イイネ タキシード着よう
石川さんだけいつものランニングで登場しましょーよ
オッ それ採用！
それじゃあ5週目は盛大に負けに行こう！
その頃「たま」のそんな悪だくみ(?)のコトなど全く知る由もない
イカ天仕掛人のジャクソン井口《いぐち》氏は
番組の打ち合わせで「隠し玉」をスタッフに披露していた！

次回は
コイツらを
エントリーさせるよ
オッ 知ってます
このバンド！
応募してたんですね
オオー!!
フフフ…
コイツらが
チャレンジャーに
なるコトは
ほぼ決まりだろう
「たま」VS
「グラムロック」なんて
さぞや盛り上がる
だろうよ…
ウシシシシ…
運命の
イカ天5週目
朝まで生バンド！ 忘年会カラオケ
ジャクソン井口氏が
「たま」にぶつけた
「隠し玉」こそが
ジャジャーーン
「マルコシアス・
バンプ」だった!!
MarchosiasVamp

すでにインディーズで
その実力を知られていた
「マルコシアス・バンプ」は
「バラが好き」で
貫禄の完奏を果たす
もう最高
です
ね！
サイコー！
辛口の審査員からも
賞賛を浴びた彼らは
予想通りチャレンジャーに
選ばれた
そして満を持して
キングの「たま」が
登場！
とはいえ勝つつもりが
ないので特に緊張感は
なかった
ポケー
曲目は？
「まちあわせ」
テロン テロン
テケ
テケ
テケーテケーテ

グランドイカ天キングのかかった5週目の最終決戦に「たま」が選んだ曲
それは石川浩司《こうじ》の楽曲「まちあわせ」だった!!

〜つづく〜

第35話
イカ天5週目
最終決戦!「たま」と
「マルコシアス・バンプ」
両者に下されし
最終審判は
いかに!?
顔のYシャツ
ゲンゲンゲロゲロ
ゲゲゲロロ
バス停につかまり
赤いバスを待つ
兄さんはヨシムラで
ハムカツ買って食べ歩き
粉がついてる口のまわりにハムカツのー
粉がついてる口のまわりにハムカツのー
粉がついてる口のまわりにハムカツのー

イカ天5週目
グランドイカ天キングのかかる最終決戦に「たま」が演奏した「まちあわせ」は
ゲッゲッ!
ゲロゲロ
ゲゲゲ
ロロー
神保町の
顔のYシャツの前で
夜2時15分のまちあわせー
石川浩司《いしかわこうじ》の思惑通り審査員・出演者・視聴者をギャフンと言わせるには充分すぎた!
不便だ不便だ不便だ不便だでーも
不便のほうが便利より大分いいー
ペコーッ
パチパチパチパチパチパチ
スゴ〜イ……
意外な曲で来ちゃったね オイ これは審査員の先生方困っちゃうね
これね…エート 監督に ちょっと聞いてみましょうか?
イヤ!
やっぱりスゴイと思います!

この週の
ゲスト審査員
大島渚《おおしまなぎさ》！
『青春残酷物語』『愛のコリーダ』
『戦場のメリークリスマス』等々
枚挙にいとまがないほどの名画を
世に送り出した映画監督
アノ優れたね
アノ作品というのはネ
アノそれがどうやって
作られたなんてことは
あんまり考えさせないで
ポッカリ生まれた
みたいに見えるんだネ
これが
ポッカリ生まれた
みたいに見えるから
スゴイと思う！
ソンナツモリハ…
思ってもいなかった
大島監督の絶賛に
石川は思わず
たじろいだ
ちなみに石川が
妻と初デートで観た
映画は大島渚名作特集
だったのだが
これは余談である！
BUNGEIZA
困りましたね…
帰っていいですか？
ホントにね〜…

大島が絶賛した事で自分が試されてるような感じになったからであろうか？
レギュラー審査員はみな「まちあわせ」をどう評価するか困惑していた！
キンチョーしてますか？
ウン ちょっとね…だってスゴイんだもん！
「マルコシアス・バンプ」の秋間《あきま》は「たま」に圧倒されてる様子だった
そしてついに審査結果が発表される瞬間がやってきた！
キングはどっちだ!?
スリー。ツー。ワン。ゼロ!!
ドーゾ！
ククク〜

4対3!!
たった1票の僅差で
祝イカ天キング五周制覇
「たま」はついに3代目
グランドイカ天キングに
輝いた!!

ウウ〜
オメデトー！
イヤー立って立って
すごいですねー
どう？ 今のキモチ
い…いや
意外ですネ
勝負は
ゲタをはくまで
わからない！
あえて負けに行った
「たま」だったが
「たま」の多様性を
極端に現した この
「まちあわせ」を決戦で
演奏した事が逆に勝利に
繋がったのかもしれない
そして柳原《やなぎはら》が5週
すべて異なる楽器を
演奏していたというのも
「たま」の多様性を物語る
一つの例といえよう！
①アコーディオン
②キーボード
③ギター
④オルガン
⑤オモチャ
萩原健《はぎわらけん》太《た》さん
今日の全体をまとめて
一言お願いします
チャレンジャーは
ホント惜しくて
ですね…
もう私はですね
あの スタッフに
ですね
「仮イカ天キング」
の申請をね
したいなと！

パパパパ
チチチ
いい考えだと思う〜
すごく！
いい？ ホント
言ってみるモン
ですね〜
審査員の皆さん全員がですね
それにもう賛成っていう事
ですからね！
これはもうそのままですね
仮イカ天キングという事で
来週も「マルコシアス・バンプ」に
来ていただきましょう！
これぞイカ天史上
語り草となった
萩原健太の大岡裁き！
平成
その後
「マルコシアス・バンプ」は
見事5週勝ち抜き
4代目グランドイカ天
キングに輝いている！
またも余談だが
「マルコシアス・
バンプ」の
ベーシスト
佐《さ》藤《とう》研《けん》二《じ》は
石川浩司と
ツアーする
事になるが
それは後年の話
である
とにもかくにも
日本中に衝撃を与えた
「たま」は喧騒の中
イカ天の出演をひとまず
終えた
五周制覇
しかし年明けからは
音楽事務所との契約やら
メジャーデビューやらと
多忙になる事が明白だった

なので正月に武道館で開催されるイカ天の特番のオファーに対しても
せめて正月ぐらいはノンビリしたいなという理由で気軽に…
アッサリ～
台本
あっ その番組は俺達いいです
と言ったところマネージャーの水橋《みずはし》がテレビ局に呼び出された
マネージャーさん大人の話をしましょう
エッ!?
もし「たま」が出ないなら今後いっさい局には出入り禁止になるよ？

～つづく～

第36話
まさに和製ビートルズ？
1990年・元日「たま」は
武道館の舞台に立つ！
たま
石川
1990年
1月1日
九段下
日本武道館
輝け!日本イカ天大賞
スイスイスイスイ
スイマーズ!!
陰獣～～
・・・だナ～～

「輝く！日本イカ天大賞」という今まで同番組に出た500組以上のバンドの頂点を決める特番が華々しく催された！
セットは前日大晦日開催の日本レコード大賞のものが基本的に使用された！つまり日本レコード大賞を乗っ取るような形での開催であった！
そして「たま」もこのイカ天大賞に出演していた
前回触れた通りいったん出演を断ったのだが…
マッサオ〜
どーしたの水橋《みずはし》さんイカ天に何か言われた？
それが…
もしイカ天大賞に出ないなら
今後いっさい出入り禁止になると…
アチャー
そうきたか〜
どーします？
当時の状況を考えると番組のメインは「たま」を想定していただろう
それゆえ出演拒否はありえなかったのだろう

結局 今後メジャーでの活動を考えていくならここは穏便に出演したほうが無難だろうという事になり
気がすすまないながらもこの日本武道館の舞台に立ったのであった
まぁ演奏はいつもの通りに…
奇《き》妙《みょう》奇《き》天《て》烈《れつ》！摩《ま》訶《か》不《ふ》思《し》議《ぎ》！両国あたりからゲタバキでフラリと登場！
ジャンルは「悲しすぎる音楽」見事3代目グランドイカ天キングに輝いた…
「たま」さよなら人類!!
パチパチパチパチ
ウオオオーッ!
たまー!!

知久《ちく》ー!!
柳原《やなぎはら》ー!!
第一興商

滝本《たきもと》ー!!
ランニングー!!

な・な・な・なんだ？
なんだこれは⁉
そしてあれよあれよで…
発表します！
「輝く！日本イカ天大賞」大賞に輝いたのは
おめでとう
さよなら人類の「たま」‼
たま
セメントミキサーズ

いや…まさかねこんなスゴイことになるとは思ってもいませんでした
あっ 信じられないですけど
どうも ありがとうございます うれしいです
春からエンギがいいなあ！
ソンナバカナ！
そして大賞に輝いた「たま」は
たま
この日2回目となる「さよなら人類」を演奏した
その2回目の間奏でのアドリブで石川《いしかわ》は…
たま
メン！ドー！コテー！
メン！ドー！コテー！
ここが武道館という事で剣道のかけ声のアドリブを入れて柳原もとっさにそれに応えた
あの子が剣道をはじめてボクを突く♪
そもそも名前の通りこの武道館は柔道や剣道などの武道の施設
音楽ホールとしての音響がけして優れている会場ではない

メン！
ドー！
そして このアドリブは出るつもりが無かったイカ天大賞に出るのがメンドーだという
ダブル・ミーニングになっていたのだが
ウォォォ
この武道館の阿鼻叫喚《あびきょうかん》のような大歓声の中でそんな石川の叫びはどれだけの人に届いただろうか？
ちょっと前まで数十人の客の前で好き勝手にノホホンと演奏していたが
ズズーン
早くも元日からこの1990年という時代そのものの重みが
1990
「たま」の4人にズッシリとのしかかってきたのであった！

～つづく～

第37話
「たま」は正体のつかめないマスコミ関係者の中で唯一冷静に評価する理解者と出会った
CM出て チョーライ
取材おねがい しますわ
ちょ ちょっと まってくれー!
ココロの準備がまだ出来てないでガンスー!
1990年元日にイカ天大賞に輝いた「たま」はメジャーデビュー前からすでに音楽雑誌の人気投票も1位になったりと
ナゴムレコー
好きなバンド人気投票
1位 たま
たま
あたかも日本を代表するミュージシャン的な扱いをされていた!

したがって
メンバーはバイトや
仕事も辞めたが…
辞表
こういう事
ですので辞めます！
という感じで
退職届に特に理由を
書く必要も無かった
のであった
退職届
一身上の
ツゴーで
やめます。
滝本
そしてミュージシャンを
本格的に職業と
するにあたり
音楽事務所との契約を
しなくてはならない…
もう考える余裕も無かった
「たま」が逃げこむように
入ったのが
元バンドマンの
江口勝敏《えぐちかつとし》氏が
社長をつとめる
PCMという事務所
だった
PCMには
ケラの「有頂天」や
大槻《おおつき》ケンヂの
「筋肉少女帯」も
所属していた
「たま」はケラがいると
いう理由でこの事務所に
入ったのだ
イヤイヤ
ずいぶんスターに
なってるなぁ
「たま」も
おそれ
いりマス
けどな ウチの会社の
一番のスターは
ケラだからな
覚えておけよ

このヒト
目が笑ってない…
こうして「たま」という船は先行きが見えないまま
ゴーッ
プロという荒波の航海をはじめた
2月はメジャーデビューシングルCDの録音やアルバムの打ち合わせに入り…
3月はデビューコンサートのリハの合間に
「別冊イカ天」で特集が組まれたためテレビ出演をした
今日の特集でやる座談会?ってヤツうまく話せますかねぇ
ウーン 正直お相手も名前くらいしか知らない人だしなー
けど噂ではとにかくコワイ人らしいって聞くんだよな…
「別冊イカ天」の座談会でゲストに招かれた人物とは?
あ
こんばんは

ルポライター 竹中労《たけなかろう》
自称「よろず評判家」
人呼んで「喧嘩の竹中」
「女性自身」記者として
芸能スキャンダリズムの
創始者的な役割をはたした
芸能評論の他にルポ・小説・
シナリオ・レコード制作と幅広く活躍
『美空ひばり』『鞍馬天狗のおじさんは』
『左右を斬る』等著書も多岐にわたる
コンバンハ〜
ニコニコ
何かタイミング
外れたみたいだな
アハハハ…
なんか
ニコニコして
思ってたより
怖そうじゃ
ないな
ちょうど去年
入院しとってね
それまで何回か見たの
イカ天って
それから君達が出て
「らんちう」だったね
一番最初出て来て
でずーっと見るように
なっちゃったワケ

君達のおかげで必ず土曜日は3時まで起きてます
日曜日はタイヘンでしたね
それでねフッと感じたのがね
「ビートルズ」に似てるなって感じた
竹中のあまりの評価に「たま」の4人は思わず絶句した
ポリポリ
アハハハ…
音楽は全然違うんだけど音のつくりかたにずいぶん苦労してるなと
それで繊細なところがあるなって事がひとつ

「ビートルズ」に似てるなっていう気持ちから 今度だんだんだんだん歌詞が面白いなって 読み返してみると実に面白いなと
「夏の前日」なんか歌詞も非常に面白いしとてもいい歌だと思う
イカ天の5週で演奏機会の無かった滝本《たきもと》だったがこの「別冊イカ天」で「たま」は4人全員が曲を作れる事を知らしめるため「夏の前日」を演奏していた
みんなが作れるって スゴイね そして そろっちゃうって 事がね
そろえようと するんじゃなくて そろっちゃうって
石川浩司《いしかわこうじ》は 新鮮に思った! 他の取材では何で ランニングを着て いるの?とか
音楽雑誌なら なぜオケを叩くのか? とかいった質問が 多かったのだが
竹中は その どちらでも無かった
本気で「たま」に打ち込んで くれてると感じた
ああ こーいう人も いるんだなぁ
しかし こういう人物は 石川の人生で竹中だけ だったと後に気づく
ボクは「たま」って ハッキリ言って バラバラだと思うよ バラバラなものが そろっちゃったと 思うの
これから音楽の状況が 80年代から90年代に… 世紀末だよね 世紀末にかけて 音楽の状況が変わって 行くとしたら やっぱり
君達が いまトップに立って いると思う

オォへ〜〜
アラララ…
キッパリ
本当だよ!
がんばってちょうだいね本当にね
私は期待しております!
ブロローッ
病気してるって聞いてるけど俺達にかまっていて大丈夫なんですかね
まあホメられるのは嬉しかったけどね
竹中のあまりの高評価に「たま」の4人は面映《おもは》ゆさをこえて何を言っていいかもわからなかった
そしてこの番組で流れたテロップ…
※現在たまについての論文を構想中

これは間違いであると
竹中は後に述懐しているが
このテロップを見た
ファンからの問い合わせが
殺到したのであった
モシモシ
モシモシ
モシモシ
ふろく
しおしお たま
でんご たま
オレは癌《がん》で
余命1年だ…
「たま」は
本物だ！
癌に冒されようが
芸能を数十年
見てきたオレの目に
狂いは無い！
最期に
「たま」の本を
書く!!
竹中労は「たま」を
自らの「白鳥の歌」にすべく
ペンを走らせた!!

〜つづく〜

第38話
カオスな状況に翻弄されつつも「たま」はついにメジャーデビューの時を迎える!

たま
TAMA

ゾウつかい
ホウホウッ!
パオーッ
ウッキャー!
ジョロロロ〜ッ
プシャーッ
ベトベト
ベト〜

「たま」は川崎製鉄のイメージCMキャラクターに起用され
その撮影の為に動物達と温泉に浸かっていた
ガク～ガク
温泉といってもそれは設定上の事で撮影に時間がかかる為実際はぬるま湯であり
「動物も人間もみな兄弟」という感じのコンセプトであったが獣臭が漂う現場はかなりの修羅場だった
シャワールーム
シャワー
フー
生き返った！
知久《ちく》くんヤナちゃんおまたせ
やっとシャワー浴びれますよ～
「温泉」のあとにシャワーなんて本末転倒だよね

!?
シャワーが途中から
水しか
出なくなっただーッ!!
ブルブルブルブル
サムーイ!!
おりしも季節は
真冬であり
ふたりには気の毒
だったが
ガクガクガク
プ〜〜ン
それよりも その
獣臭が気になる
石川《いしかわ》であった…
そんなハプニングもあったが
ついに「たま」メジャー
デビューシングルCD
『さよなら人類/らんちう』が
5月5日にリリースする事が
正式決定した!
さよなら人類
らんちう
ブス〜〜

このジャケットで出すんでしたら発売日遅らせてでもボクが描き直しますっ!!
無茶いうなよ今さら発売日動かせねーからガマンしろ
そう ネットも無い時代は途中段階のチェックをする時間もなく
ジャケットが打ち合わせとはずいぶん違う物になっていたのだ
こだわりの強い知久は猛反発したが結局メジャーデビューに向けての大きな流れは変わらず…
ワナワナワナ～
地球堂文具店
知久のジャケット画はアルバムで使用するという事で
シングルのジャケットから変更無しと決まった
そして3月12日と13日の2デイズで「たま」はここ読売ホールにて「たまのお引っ越し」と題したメジャーデビューコンサートを開催した!!
よみうりホール

ワーッ
チケットは2日とも
2時間でソールドアウト！
コンサートは満場の客で
大いに盛り上がった！
5月5日に
『さよなら人類／らんちう』シングルと
いう事で出ますので…
ゲホン
良かったら
ジャケット見ずに
買ってください
それでもやはり知久は
シングルのジャケットに
対して不満を隠せなかった

その数日後
ガコー
KIOSK
1冊ください
ハイ！190円ね
「たま」は週刊少年雑誌の表紙グラビアを飾った!!
週刊
少年
14
190円
はじめまして たま です。
スーパーバンドのたまって何だ
ずっと地下で活動していた「たま」だったが
今や全国の書店や駅売店・コンビニでその姿が衆目に晒《さら》されてしまったのだ！
KIOSK
書店
7 MART
その上 テレビでも前出の川崎製鉄のCM出演だけで「らんちう」「オゾンのダンス」「まちあわせ」「海にうつる月」などの4人の曲がCMソングとして使用され…
未来原人。
ピテたまトロプス
未来原
ピテたまトロプス

さらに「さよなら人類」は宝酒造の焼酎「純アレフ」CMソングにも使用されて話題を呼び
他にも「農協」や「アルバイト北海道」「めばえ教室」にも「たま」の楽曲がCMソングとして使用された
メジャーデビューシングルCD発売前から「たま」はその姿を見ない日や歌を聴かない日が無いほどに世間を席巻してしまっていた!!
そんな喧騒の中の4月「たま」は北日本のライブハウスをお披露目ツアー的にまわっていた
札幌
秋田
青森
盛岡
新潟
仙台
金沢
このツアー中に知久はアルバム用のジャケット画にとりかかっていたのだが…
ウ・ウ〜ン
オヤ 知久くん まだマッシロではないか
なかなかイメージがまとまんなくて…

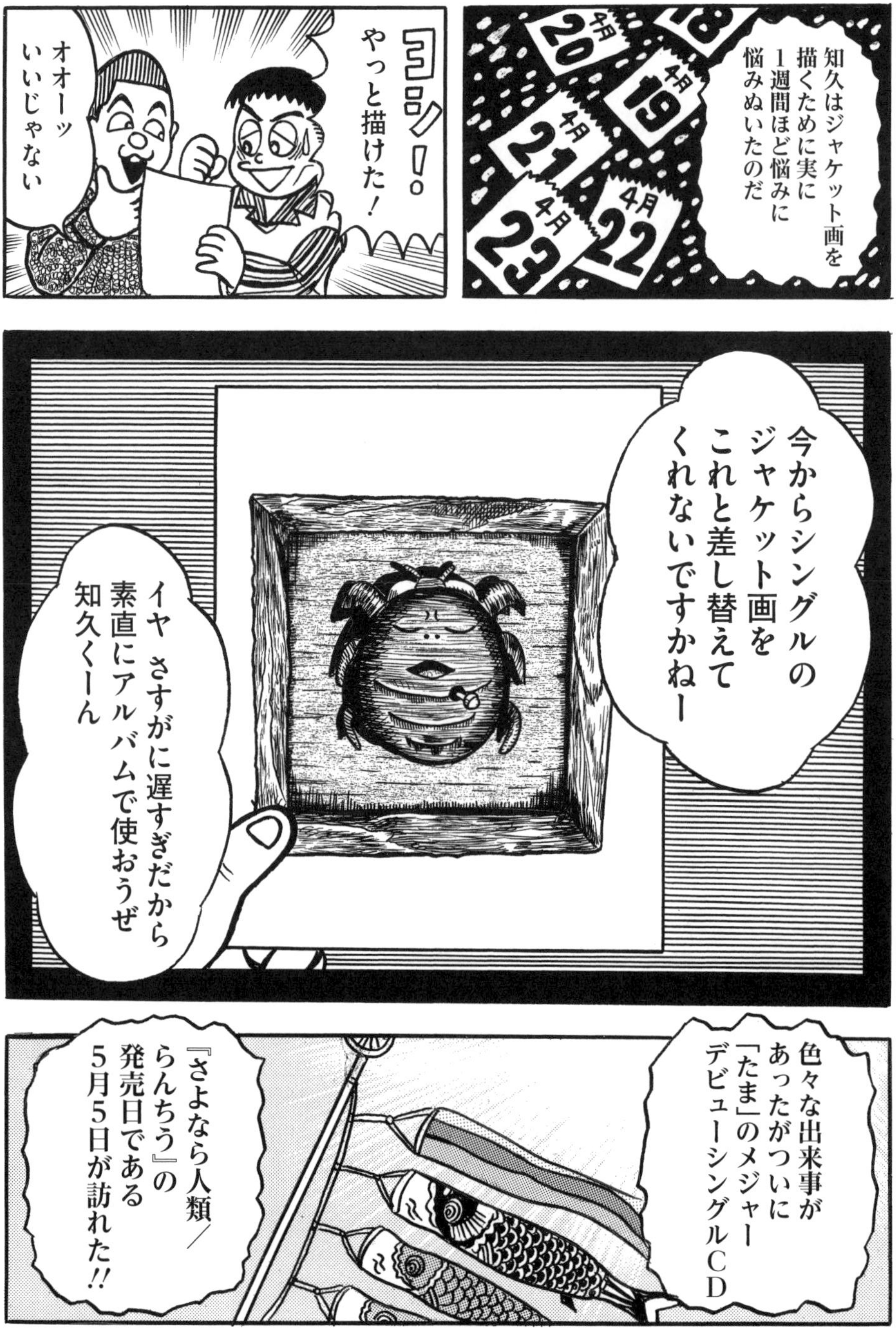

知久はジャケット画を描くために実に1週間ほど悩みに悩みぬいたのだ
ヨシ！
やっと描けた！
オオーッ いいじゃない
今からシングルのジャケット画をこれと差し替えてくれないですかねー
イヤ さすがに遅すぎだから素直にアルバムで使おうぜ知久くーん
色々な出来事があったがついに「たま」のメジャーデビューシングルCD
『さよなら人類／らんちう』の発売日である5月5日が訪れた!!

〜つづく〜

第39話
ついにデビューシングルを発売した「たま」は社会現象と化して世間に祭り上げられてしまう
ところで本日は発市《うりだし》
『さよなら人類／らんちう』どのくらい売れると思う？
さあ5万枚ぐらいかな？
いや そんなものじゃない
実売50万枚確実に出るだろうよ
マサカ〜

5月5日『さよなら人類／らんちう』の発売日に「たま」は竹中労《たけなかろう》から『「たま」の本』の取材を受けていた
メジャー志向なんてボクら考えた事もないのに何だかヘンですね
ヘンじゃないのちっとも！1周遅れのトップランナー時代は君達の出現を待っていたのさ
平成元年現代音楽史に当然こう記されるだろう
この年美空《みそら》ひばり逝く「たま」あらわれる
そんな！買い被りですよォ
買い被ってはいないさ事実をありのまま述べている

オレの目が狂っているとでもいうのか?
ビクッ
竹中は3つの芸能しか認めていなかった美空ひばり・「ビートルズ」・沖縄音楽である
それが4つになったという
すなわち その4つ目が「たま」だというのだ
なので竹中は余命1年という宣告をうけたにもかかわらず極限状態の中で「たま」の取材をはじめた
5月7日 神戸から福岡に移動するにあたり わざと船で移動して 強引に時間をつくって 「たま」はほとんど寝ずに竹中の取材をうけた
Ferry
竹中の横には常に医者とナースが帯同して健康状態を確認すると いった まさに命を張っての取材だった
オッ 船が揺れて来たな
プシュッ
ボクは体が悪くて呑めないけど存分に酔って心の憂さを吐き出したまえ

ぼく おいしい ものが たべたい！
明日は博多 大いにごちそうする つもり だけど
なにか 好物ない？
イキのいい 魚だったら なんでも！
生ウニ それと辛くない タラコ！
それから 熱いご飯！
チャーハン！ 餃子！
博多は屋台の ラーメンが うまいんだってさ
ンマ
←売店
そんな中でも インタビュー取材は 和やかに進み 「喧嘩の竹中」と 恐れられた竹中も 終始ニコニコしていた
石川《いしかわ》はそんな竹中を 好々爺《こうこうや》のイメージで みていたが この時の竹中は62歳 2023年現在の石川は この時の竹中と 同い年になる
翌日——
1990
5月
8日
5月
7

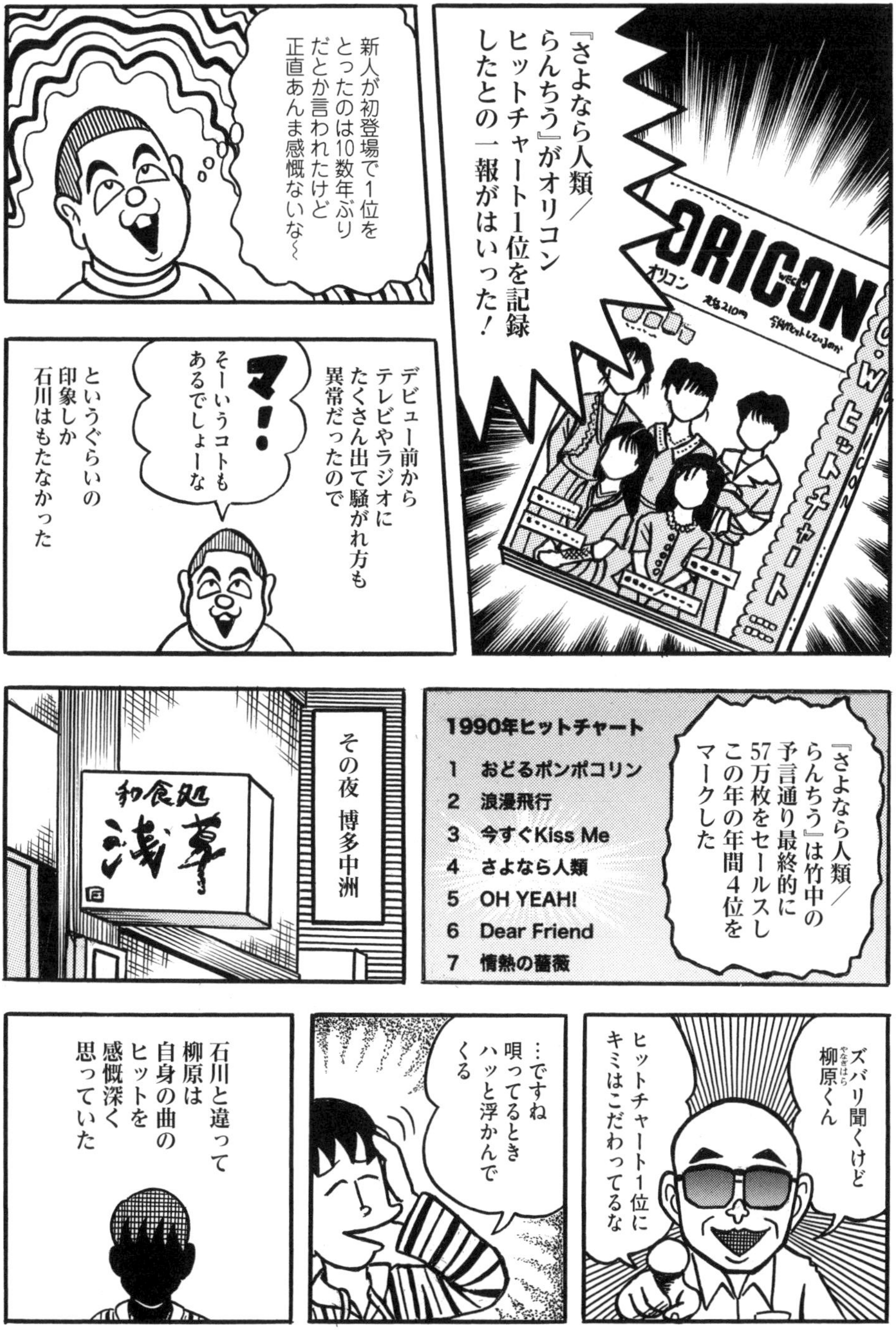
『さよなら人類／らんちう』がオリコンヒットチャート1位を記録したとの一報がはいった！
ORICON
新人が初登場で1位をとったのは10数年ぶりだとか言われたけど正直あんま感慨ないな～
デビュー前からテレビやラジオにたくさん出て騒がれ方も異常だったので
マ！
そーいうコトもあるでしょーな
というぐらいの印象しか石川はもたなかった
『さよなら人類／らんちう』は竹中の予言通り最終的に57万枚をセールスしこの年の年間4位をマークした
1990年ヒットチャート
1　おどるポンポコリン
2　浪漫飛行
3　今すぐKiss Me
4　さよなら人類
5　OH YEAH!
6　Dear Friend
7　情熱の薔薇
その夜　博多中洲
和食処
浅草
ズバリ聞くけど柳原《やなぎはら》くん
ヒットチャート1位にキミはこだわってるな
…ですね唄ってるときハッと浮かんでくる
石川と違って柳原は自身の曲のヒットを感慨深く思っていた

カンパーイ!
それじゃあ
ヒットチャート
1位に
竹中の『「たま」の本』のインタビュー取材は計5回に及んだ
君達こそ芸能の原点だ!
『「たま」の本』は死ぬ前に必ず出す!
約束通り『「たま」の本』は無事に上梓《じょうし》されるが
それはもう少し先の12月の事
話を5月に戻し
ヒットチャート1位という確実な数字が出て「たま」の扱いはより大きくなった
その加熱する人気ぶりは「たま現象」と名付けられ『現代用語の基礎知識』にも掲載されるに至る!
1990
基礎知

そして5月23日NHKの番組収録で「方向音痴」を演奏した
この番組には竹中もゲストに呼ばれ「たま」について熱く語った
NHKに出演するためには どんなにヒットしていてもオーディションを通過しないとならない決まりがあった
NHK
だが「たま」はオーディションを受けずに曲を披露した
それは番組が「報道番組」だったからである
MIDNIGHT JOURNAL
ミッドナイトジャーナル
つまり歌云々の前に「たま現象」という社会現象であり「たま」は社会的ニュース扱いだったのだ
「たま現象」
折しも世は百花繚乱《ひゃっかりょうらん》のバンドブーム
「たま」は そのバンドブームの代表 時代の寵児として
エッホ エッホ
祭
神輿の上にかつがれ祭り上げられてしまったのだった！

そもそも
「たま」という船は
泥舟からスタートした
ようなもので
それがボートへと
帆船へと船体が変わっても
マイペースに航海を
続けていた
しかし いつのまにか
多くの客をかかえた
巨大な豪華客船へと
変貌をとげてしまった
のであった!!

〜つづく〜

第40話
多忙を極める「たま」という船の前にマスコミという名の「氷山」が立ちはだかる?
思いがけず一躍スターダムにのし上がってしまった「たま」
こんなことは一過性のものなんだから流されずにちゃんと自分でいようぜ
ウン ウン
しかし そんなマイペースな4人にプロのバンドとしての「仕事」は容赦なく襲いかかってくる
ちなみにシングルが発売した5月5日からの1週間のスケジュールは以下の感じだった
1990
5月
5日

5日 昼・取材 夕方〜深夜・『「たま」の本』取材 深夜〜翌朝・レコーディング
6日 朝・寝ずに 神戸へ移動 夕方・ラジオ 夜・ライブ 深夜・取材
神戸牛
7日 朝・テレビ 昼・ラジオ4本と取材 夜〜深夜・船上で『「たま」の本』取材
8日(前半) 朝・小倉着 福岡へ移動 キャンペーン 昼・ラジオ2本 6誌合同取材
メンタイコ
8日(後半) 夜・ライブ 深夜・『「たま」の本』取材 翌朝まで各自 雑誌原稿執筆
9日 朝・ラジオ 昼・テレビ 夕方・ラジオ 夜・広島へ移動
もみじマンジュウ
10日 朝・テレビ 昼〜夕方・ラジオ3本 夜・ライブ
11日 朝・大阪へ移動 昼・ラジオ 夜・ライブ 深夜・ラジオ
くいだおれ
今まで グータラ生活を 送っていた 石川《いしかわ》には特に こたえる 毎日であった
フヘ〜

そんな中
石川たちはテレビの
音楽番組の「常識」
を知ってしまう
フタバテレビ
エッ？
AD
ホントーに
演奏するるん
ですか？
何をこの人は
言っているんだ？
そのために今日
ここに来たんじゃ
ないか
ホラ 他の
出演者たちも
リハをはじめてる
パクパク
エッ？ 口《くち》パク
ギターの
シールドも
繋がってない
モニターと
違って目の前の
ピアノが無音？
ナルホド！
ライブでは
機材トラブルが
日常茶飯事なのに
テレビの生放送で
トラブルを見ないのは
そーいう事なのか！
それでも生演奏に
こだわった「たま」に
ある日事件が起こった！

アレ?
ギターの音が…?
エッ ちょっと どーなってんの?
ギターの音が出てないよ
かくなる上は!
ボーカルマイクで音を拾ってもらうしかないっ!!
これも「たま」がちゃんと生演奏しているからこそ起きたハプニングだったのだが…
アホー
数日後
奇をてらった
「たま」ネコ
バンド
フザケすぎと
●機材トラブルとはいえ…
ヒドイなこの記事 わざとじゃないのに…
取材もしてないのに勝手によく書けるよね〜
週刊習慣

ガチャ
応接室
その点 今日の取材は 新聞だから 信頼できそうだ
しかし やって来たのは ブームだから取材してこいと 上から言われたらしい 苦虫をかみつぶした顔の 年配の記者だった
ところでアンタたち なんなの？
お笑い？ 芸人？
僕はあんまり大きな ドラムの音とかが 苦手だったので…
オッ この前の 取材の記事が 載る日だな〜
バサッ
「たま」とは何者？
「ドラムが嫌い」
エッ…嫌いだなんて 言ってないのに！
マスコミ
そうした 無理解な一部の報道は あたかも「たま」という 船を沈めようと 待ち構える氷山の ようにもみえた！

とにかくマスコミを過信してはならないってゆー勉強にはなったな
そんなカオスな状況の「たま」を支えたのは…
所属事務所PCMの青年社員Wマネージャーだった！
愛称は「のびちゃん」！
何みてるの？のびちゃん
ポケー
UFOでしゅ！
あっ ホラ石川さんあそこあそこっ！
キーン
あれ…ただの飛行機じゃん
飛行機型のUFOなんでしゅ！
ところで みんな飲みにいくけどのびちゃんも来るでしょ？

ダメでしゅ！僕はこれからまだ事務仕事がたまっているんでしゅから！
皆さんのように僕はヒマじゃないんでしゅよ！
翌朝
コケコッコー
さあチェックアウトもすましたので空港に行くでしゅ
あのー…すいませんW様
FRONT
んっなんでしゅか？
お部屋代は前払いでいただいておりますが夜中にご覧になられたアダルト…もとい
有料ビデオのほうは個人払いになっておりますので…
ニヤニヤ
………
こんなWマネージャーのドジさに笑わせてもらって精神的に楽になった事も多く
その頃のキチキチした状態の石川には逆に和《なご》みになっていたのであった

飛行機の時間におくれるでしゅ！
パカー
バラ
バラバラ
ああッ荷物がーッ！
ピエ～
ゴメンなさい皆さん拾ってくだしゃーい！
ゴーーーッ
こんなトラブルもあったがこれも大きな意味でノープロブレム
ヒコーキ飛んでっちゃったね…
キーーン
シーマシェーン
今の石川はそんなWマネージャーに皮肉ではなく本当に感謝しているのだ

～つづく～

第41話
1stアルバムが
リリースされた7月
1万を超える大観衆の中
一人の青年が「たま」に
出会った
シャーーッ
双葉堂
CD
レコード
キーッ
『さんだる』予約したいんですけど!
ACTION
あともう少しで予約締め切る所だったよ
良かったギリギリセーフ!
双葉堂
おどるポンポコリン
ウ〜ム
しかし…こんなに予約が入ったアルバムは経験が無い
コレはなにかが起きてるぞ…

こうして7月10日ついに「たま」メジャーファーストアルバム『さんだる』が発売された!
さんだる たま
竹中労《たけなかろう》は1990年を「この年美空《みそら》ひばり逝く『たま』あらわれる」と音楽史に記されるべきと評したが
「たま」デビューの翌年1991年1月にまるで世代交替するかのように無期限活動休止するバンドがあった
そのバンドは「RCサクセション」!
忌野《いまわの》清志郎《きよしろう》を中心に結成され「KING OF LIVE」として後続のバンドに多大な影響を与えていたが88年の『COVERS』発売中止騒動以降バンドは静かに崩壊に向かっていた
この年90年はキーボードのG2の脱退が発表され一度もライブを行っていない異常事態であった
RC カバーズ

そんな中7月29日に横浜アリーナで開催された「'90 SUPER JAM」は「RCサクセション」を中心に組まれたファン待望のライブイベントで
'90 SUPER JAM
YOKOHAMA ARENA
「アンジー」「KUSU KUSU」「ダイアモンド☆ユカイ」等と共にファーストアルバム発売直後の「たま」も出演する事になった！
当然 会場は満員 1万人以上の観客が集まった！
SUPER JAM
ワーワー
ヒエ〜〜
武道館もスゴかったけど
ウン それ以上だ…
ここ1万人以上入るからね
大きなハコでやる事に興味の薄い「たま」にとって単独ではないがこの横浜アリーナでのコンサートが「たま」のホールライブとして史上最多の観客を動員したライブとなった
YOKOHAMA ARENA
ワーワー
つっ、ついに3人になってしまった!
THE RCSUCCESSION
メンバー募集?
——この日「RCサクセション」のドラム新《に》井《い》田《だ》耕造《こうぞう》の脱退が告げられた

RC目当てでライブにやってきた この青年はRCに起きている事が受け止められず
フライヤーをボーゼンと見つめて他の出演者の演奏に集中できなくなってしまっていた
またこの青年は当時テレビを見ていなかったのでイカ天はもちろん「たま」の事もよく知らなかったのだ
ワー
キャー
ウォー
フッ
!

テレ〜
!?
ブゥーーン
プワ〜
ジャーンカ
ジャーンカ
ジャーンカ
ジャーンカ
ジャーンカ
ジャーンカ
ジャーンカ
ジャーンカ
テ〜レ
テ〜レ
テ〜レ
テ〜レ
テ〜レ
テ〜レ
テ〜レ
テ〜レ

かなしいずぼん
詞・知久寿焼　曲・たま
まっくろい部屋に鍵かけて
ぼくはひとりでないてるよ
何にもできなくなっちゃった
何にも見えなくなっちゃった
かなしいずぼん
遠い昔のぼくらは子供たち
遠い昔のぼくらは子供たち

この大観衆の中
「たま」はファースト
アルバムには未収録の
この曲をあえて
1曲目に披露した！
ザワ
ザワ
ガク
ガク
イヨ〜
コン
会場がザワつく中
続いて「らんちう」
を演奏

さかなでいちばん
かなしい金魚
金魚で
いちばん
かなしいらんちう
アー!
それが本日おなじステージに立っていようとは!
世の中 何が起こるか わからな〜い〜!
ランラン
ラーラー
ラララ
ラ〜ラ
思い起こせば10年前「古井戸《ふるいど》」のラストコンサートに行った私でありました
フォークデュオ「古井戸」が解散しギタリストの仲井戸《なかいど》麗市《れいち》が「RCサクセション」に加入した事でバンドは完成形になった
柳原《やなぎはら》をはじめ「たま」のメンバーも「RCサクセション」との共演に興奮を隠しきれなかったのだ
今日は
夏の
前日ー
ひきだしの
中に
ひろがったー
サルには
なりたく
なーい
学校に
まにあわなーい

「たま」を目の当たりにしたこの青年は大きなショックを受けた！
彼の人生のうちで五本…いや！三本の指に入る音楽体験に身体がふるえた！
ワーーッ
お目当ての「RCサクセション」ももちろん良かったのだが「たま」を初体験した直後に聴くと
忌野清志郎の歌声も彼には これまでと違うものに聴こえた
「RCサクセション」はこの年12月のライブを最後に無期限活動休止
この19年後の2009年活動再開を果たさぬまま清志郎が亡くなった事で事実上バンドは解散状態となる
ギュッ
オレも何かを創りたいッ!!

この青年の名は渡辺慎《わたなべしん》のちのワタナベイビーである！
「RCサクセション」と「たま」の遺伝子を受け継ぎ小宮山雄飛《こみやまゆうひ》と「ホフディラン」を結成1996年に代表曲「スマイル」でデビュー同曲は2020年に森七菜《もりなな》がカバーし再ヒットをしている

この青年が「たま」の最期を看取ることになるのだが
それは後の話である

〜つづく〜

第42話
恐怖の
海外レコーディング
日本では「たま現象」
イギリスでは
「怪現象」?
R.I.P
7月
ファーストアルバム
『さんだる』が
発売されて話題を
呼んでいる「たま」は
さんだる たま
その熱も
冷めきらない中
早くもセカンド
アルバムを制作する
事になった!
『さんだる』は
東京で作ったから
他の仕事が合間に
入って集中力が
途切れたよねく
まとめて
レコーディング期間を
もうけて専念したい
ですよね
いちおうさ
社長に
たのんで
みようよ
希望
通るかな?
いや今さ国内のスタジオ
使用料がバカ高くてさ
国外のほうが渡航費や
宿泊費ふくめても安く
あがるんだよ
…と いいますと?

だから
セカンドアルバムは
イギリスと
フランスで
レコーディング
するぞ!
ええーっ!
という事で
時代がバブルだった
影響で「たま」は
9月から渡英した!
ゴー
ドズジャーン!
オオーッ
「たま」が借りたスタジオは
「マナースタジオ」という
中世の貴族や領主の邸宅
「マナーハウス」をそのまま
付属のホテルとして利用した
スタジオだった!

スタジオはホテル棟の離れではあるが重厚な石造りの建物でとても風情があった
BowWow
アフタヌーン ティー
Afternoon Tea
スコーン
す…素敵♡
Rさん
男勝りのRくんからそんな言葉をきくなんて結婚後初めてだっ！
お屋敷のお庭は見渡す限りの芝生！池だけじゃなくて森まである！
それにそこかしこで咲き乱れる美しい花々
白馬の王子様が現れても全く不思議じゃない光景だわ！
しかしそんな「素敵なお屋敷」も夜になるや「恐怖の館」に変身したのだった…
ウトウト

ハアッ
ハアッ
ハアッ
イギリス
!?
バシッ
何よっ！
誰？
フッ
アレ？ Rくん
まだ起きてたの
ダンナ！
ひどいんだよ
今チカンが
覗いてたん
だよ！
えー
マジ
かよ～
ン!?
待てよ
窓から覗いて
たって言ってた
よねぇ…
ここ2階だし
テラスもないよね
ヒュー
2階といっても
古い建物なので
現代の3階に匹敵する
高さであり
さらに窓の向こうには
墓石も倒れたままの
朽ち果てた無人の教会が
あった

翌朝
人ガ居タッテ? NO! ソレハ アリエナイ
ココハ見タ目ハ古イガ 最新ノセキュリティ システムヲ導入シテル! 昨晩モ システム異常ハ 無カッタ!
じゃあ
Rくんが 見たのは 一体?
怪現象は それだけ では 終わらな かった
ガチャッ
444
ある日の昼間 夫婦で外出から 部屋に戻ったら
子供の目線の高さで 部屋の壁がクレヨンで 滅茶苦茶に落書き されていたのだ!
Dont Worry MaMa Baby
CRAYON
何コレ…
Gさんとこの Yちゃんじゃ ないよね?
HELP
GO HOME
いやYちゃんは まだ2、3歳で Gさんの奥さんと いつも一緒だから 人の部屋に入って 落書きするなんて 考えられないよ

そしてその夜
滝本《たきもと》の長女
Y嬢の一言が
さらに波紋を
起こした
もう石川《いしかわ》さん
とは一生遊ば
ねぇっ！
フハハ
勝負の世界は
キビシーのだ！
ホラ そんな
誰もいない真っ暗な
部屋でウロチョロ
してると危ないわよ
おにーたんや
おねーたんが
いっぱい
だよっ!!
この真っ暗な無人の
ピアノ室で
たくさんの大人達が
パーティを開いているのが…
彼女には
見えたのだ
心霊関係に関心が
強くない石川でも
この体験は
ウ〜ム
と唸《うな》らざるを
得なかった
それでもそんなに
強い「怨念」みたいな
気も感じなかったので
「お〜い 俺達もいるん
だよ〜」という事を
伝えたかっただけだった
のかもしれない

その後はフランス南部のトゥールーズに移動しレコーディングを続けた
そこは新しい施設でイギリスのような怪現象は起きなかったのだが…
はいスタッフさんこれコード譜ね
早速コピーとってきます
現地スタッフ
コピー取ル？コピー機ハ社長室ニシカ無インダ
社長ハ帰ッタシ鍵モカカッテルカラ今ハ コピー出来ナイ
それは困るな今すぐ必要なんだよ！
…ウイッ
コク
バキャッ
シュー！！
?
スー…

なんとスタッフは
社長室のドアを蹴破り
破壊してコピーを
取ったのであった
翌朝
社長
イクラナンデモ
ドアヲ
破壊スル事ハ
無イダロウ！
イヤ！ ソモソモ
コピー機ヲ時間外ニ
使エナイノガ悪イ！
ダイタイ社長ハ
ケチナノヨ！
ホチキスノ針ノ数マデ
ネチネチト数エルン
ダカラ！
さすが革命の国フランス
コピー機の一件は
労働争議に発展して
結局は社長が折れてしまった
月並みな表現であるが
幽霊よりも生きた人間のほうが
よほど恐ろしいと感じずには
いられない出来事であった

〜つづく〜

第43話
12月31日
レコード大賞と
紅白歌合戦のハシゴ出演
「たま」の1990年は
最後の日まで
カオスだった！
「たま」がフランスでレコーディングをしていた10月11日
日本ではそのアルバムに収録される「夕暮れ時のさびしさに」がビートたけし主演の連続時代劇「浮浪雲」の主題歌としてお茶の間に流れた！
浮浪雲
後に映画『座頭市』で監督・主演を務めたビートたけしだがこの「浮浪雲」が時代劇初主演という事で大きな話題を呼んだ
そして12月に「夕暮れ時のさびしさに」はシングルがアルバムに先行してリリースされる事となった
顔のYシャツ

…さて
準備はいいい？
いくよ〜ん
ゲゲゲゲロゲロ
ゲゲゲロロ〜
そのシングルのカップリング曲として「家族」とともに「まちあわせ」が選ばれ
歌詞の通り本当に夜中の2時15分に「顔のYシャツ」の前でレコーディングをしたのであった！
ちなみに「顔のYシャツ」は実際には小川町にあるが石川が初めてここにたどりついた時は神保町から歩いてきたために勘違いした歌詞となっている
そして11月11日の「たま」結成記念日に『「たま」の本』の出版記念パーティが開かれた！

約束通り生きてこの本を出せるよ
オメデトウゴザイマス
この時の竹中《たけなか》は入院中だった
正直石川《いしかわ》は竹中の具合がだいぶ悪そうに見えた
『「たま」の本』は無事刊行されたが実質この本が竹中労《ろう》の遺作となってしまった
サヨナラ1990 歳末大売出
そしてミュージシャンにとっての夢といわれる2大イベントがある12月がやってきた
そのイベントとは日本レコード大賞と紅白歌合戦！
「たま」はレコード大賞最優秀ロック新人賞受賞と紅白歌合戦の出場が決まったのだ！
12月 31日 MONDAY(月)
当時レコード大賞と紅白歌合戦は大晦日に同日開催されていた
ポケ〜
レコ大の武道館から紅白のNHKへの移動もミュージシャンにとっての夢といわれていたが実は紅白の当確が出た時…

タハハハ
いや〜 ちょっと メンドくさい な〜
その一言に レコード会社の スタッフたちは 凍りついた!
ビクッ
トンでも ないっ!
まさか 辞退する気じゃ あるまいね?
いや… そのあの
レコード大賞から紅白へ 車を走らせるというのは 担当にとって最大の夢なんだ!
頼むから出てくれっ!!
うわぉぉ
そこまで懇願されては 出ないワケにも いかなかった
まあフツーの 音楽番組に 出ると思えば いいか

ともすれば驕《おご》っていると思われるような態度にもみえるが本当に権威的なものが「たま」のメンバーは基本的に好きではなかった
そして大晦日の日本武道館
第32回 日本レコード大賞
最優秀ロック新人賞の「たま」で
曲は「さよなら人類」!
オレたちってロックだったのか?
石川は困惑したが権威的なモノが好きではない「たま」はある意味ロックを体現していたといえよう
そういや今年の正月にもイカ天大賞で武道館に出たけど まさか大晦日も出るとはな〜…
ウワーッ
キャ!
キャ!

今日人類がはじめて
木星についたよー
大みそかの満月が光る九段下
みそまん!
大みそかの満月が光ってるよ九段下
みそまん
今日はー夜ふかししよォー
明日はずっとひるねだよー

つ〜ぎ〜は〜
シ〜ブ〜ヤ〜
柳原《やなぎはら》のアドリブ通り「たま」は即渋谷のNHKホールへと車を走らせた！
日本武道館からNHKホールまで下道で約20分程度の距離なのだが
新宿区
武道館
千代田区
渋谷区
港区
NHKホール
準備等もあるのでその距離を15分程度で移動しなくてはならなかったのだ
そんなタイトなスケジュールの中「たま」のメンバーの興味は紅白ではなく…
おっ！また青だ
実際どーなんだろうね？
気になりますね
それは武道館からNHKホールまでの間の信号を警察が特別に青にしてくれるという
まことしやかにささやかれる紅白に関する噂の真相であった

パッ
アレ? 赤だ
いやー 信号の操作は多少はしてくれるんでガスが
それは あくまで車がスムーズに走った場合にすべて青の状態で走れるって事なんでガスよ
つまり途中で別の車が割り込んだりしたら計算があわなくなり細かい調節も出来ないようなのであった
噂の真相は半分は本当で半分は嘘という結果だった
NHKホール
こうして無事に時間通りNHKホールに到着した「たま」の4人は
いつも通りのマイペースさで国民的行事といわれる紅白歌合戦の舞台へと向かった!

～つづく～

第44話
ロック新人賞を受賞した「たま」は紅白歌合戦で権威に抵抗？ そして狂乱の1990年は暮れ行く
フ！。。。
まあ こんなモンかな
あとは曲の制限時間があるからアドリブは短めにだね
「たま」は紅白の舞台でもいつも通りマイペースでリハーサルに臨んでいた
ところでオレはいつもと違って今日は薄手のランニングだから身軽だぜ！
石川《いしかわ》のランニングは結婚後プロデビューしてからは妻の母
シッカリ厚手
つまり義母お手製のオートクチュールであった

だが石川は紅白出場にあたり近所の店に売っていた一番安いランニングを購入し着用してきたのだ！
石川のこのランニングが権威ある番組に対する反骨精神を体現したロックな衣装だと気づいた人はどれくらいいただろうか？
お笑い等の演出的な裸同然の格好という例外をのぞけば紅白史上もっとも安い衣装の出演者だったかもしれない
寒くないかい？
ボン
ン!?
クルッ
この特徴的なハスキーボイスは…
コンバンハ
森進一《もりしんいち》ハスキーボイスが特徴の演歌歌手
紅白歌合戦の常連でこの回では代表曲「おふくろさん」で大トリを担当した！
ハ、ハイ！
ダイジョーブですッ
ハハハハ

おお〜 あの声を 間近で聞けるなんて 女性ファンなら 卒倒モノだよ
ブルブル
イヤ〜 マジでゾクッと きたよ〜
フ〜
どっこいせっと
やっぱり なんだかんだで 肩がこるわい
モミ
モミ
オホッ! こりゃー いいや サンキュー
アレ? メンバーは みんないる
そんじゃあ オレの肩をもんで くれてるのは だーれ?
ゲー!!
五木《いつき》ひろし 森と同じく紅白歌合戦 常連の演歌歌手
「よこはま・たそがれ」「長崎から船に乗って」等 多数のヒット曲を世に 送り出している!
しかし改めて まわりを見たら…

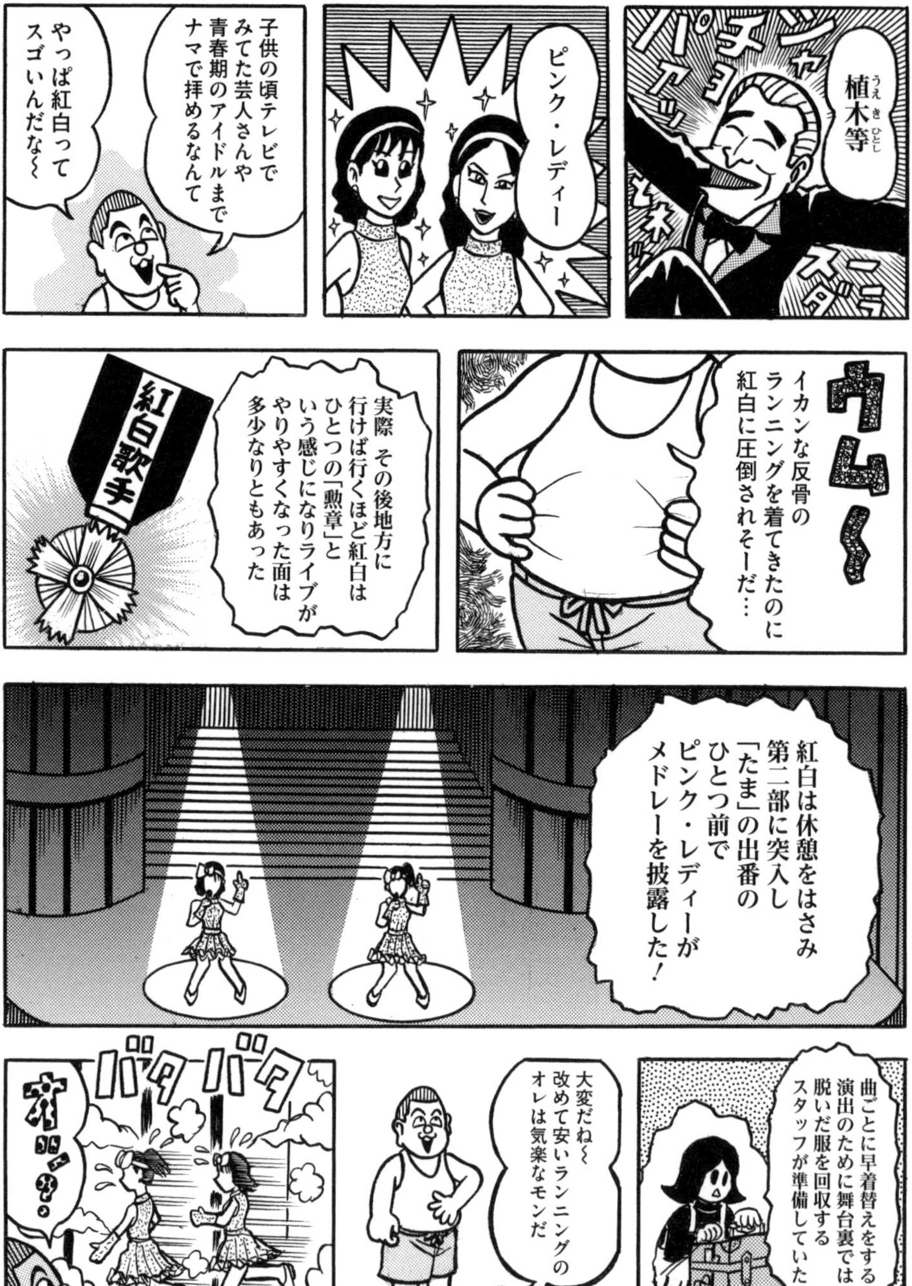
植木等《うえきひとし》
スーダラ
ピンク・レディー
子供の頃テレビでみてた芸人さんや青春期のアイドルまでナマで拝めるなんて
やっぱ紅白ってスゴいんだな〜
ウム〜
イカンな反骨のランニングを着てきたのに紅白に圧倒されそーだ…
実際 その後地方に行けば行くほど紅白はひとつの「勲章」という感じになりライブがやりやすくなった面は多少なりともあった
紅白歌手
紅白は休憩をはさみ第二部に突入し「たま」の出番のひとつ前でピンク・レディーがメドレーを披露した!
曲ごとに早着替えをする演出のために舞台裏では脱いだ服を回収するスタッフが準備していた
大変だね〜改めて安いランニングのオレは気楽なモンだ
バタバタ

サーーッ
!?
オヒョヒョッ! あのピンク・レディーの
ナマ着替えが丸見えだーっ!
ポワ〜ン
もっとも重ね着を脱いでるだけでヌードを見たワケではないが それでも石川はその役得を存分に享受した!
思えば昔ピンク・レディーのレコードを盗まれたけどその損失を何倍にもして取り戻せたな〜
※第5話参照
感慨にふけってる所悪いけど出番だよ
オッ そーか!
キャーキャー
キャーキャー
キャーキャー
キャーキャー
曲はなんでしたっけ?
「さよなら人類」!

今日人類がはじめて
木星についたよ
島がみえるよ
ピテカントロプスに
なる日も
近づいたんだよー
このサビに挿入された「島がみえるよ」は満員のはずの会場の前方にある関係者席がいくつか空いていて
それなのに「満席」という事で入れないお客さんがいて客席が「島状態」になってしまっている事を皮肉ったアドリブだった
なおかつ当時のＮＨＫ会長　島桂次氏（通称シマゲジ）の名前とも掛けていた

さるになるよ〜
キャーッギャーッギャーッ
ウーッキャーッキャーッ
ピロ〜〜
終わったーっ!
いや あとは
ラストに
出演者全員で
出るでしょ
けど それまで
出番ないし ラストまで
2時間はあるよね
じゃあさ 近くで今
友達の劇団が芝居
やってるから
観にいかない?
そりゃいーや
その芝居を
観にいこう
ぜ!
サンセー!
なんと「たま」の4人は
紅白の最中に誰にも
気づかれずコッソリぬけて
友人の劇団「時々自動」の
芝居を観にいったのだ!
ちなみに この「時々自動」
のメンバーには後年石川と
「DEBUDEBU」という
ユニットを組む今井次郎が
在籍していた
白組の
優勝ーっ!!
NHK

ホータルのひーかーりー
そして番組のラストには何事も無かったように戻って来て涼しい顔をしてステージで手を振ったのであった
その紅白の打ち上げだが90年当時の大晦日は開いてる店がほぼ皆無なため急遽 高円寺にある埃っぽい芝居の稽古用スタジオを借りて行われた
純情スタジオ
コンビニでかったビール
同じくコンビニのカワキモノ
DRY Asahi 生
チュー!
さっきまでオレたち紅白のステージで光り輝いてなかったっけ?
ングングング
まあコレが現実ってコトでしょ
こうして「たま現象」の渦中にあった狂乱の1990年は過ぎ行き新たなる波乱を予感させる1991年の幕が明けたのであった
チューーッ

〜つづく〜

第45話
疲弊した「たま」に
立ちはだかる新たな試練と
そして良き理解者との別れ
「ひるねでグー」ツアー
顚末記
1991年1月
月刊カドカワで
「たまの月経散歩」
連載スタート！
1月21日には
セカンドアルバム
『ひるね』がリリース！
その1週間後には
レコ発全国ツアー
「ひるねでグー」が
スタートした！
EXIT
ジャーン!!

スゴイねー こんな大掛かりな セットはじめてだ
俺たち今まで シンプルな ステージだったから 何かプロになったって 改めて感じるよ
生活感のある ビルの屋上 っていう コンセプトが なかなかイイね
うわっ！ この セットの蛇口 ちゃんと水が でるよ！
この「ひるねでグー」 ツアーのセットは この屋上を模した ステージだけでは 収まらない
「どんぶらこ」 「かなしいずぼん」 「こわれた」「カニバル」 等のメンバー命名 「おどろ4連発」を 演奏すると
巨大なキノコのオブジェが登場し キノコに侵された都市のビルの 屋上といったスペクタクルな ステージになったのだ！
知久《ちく》くん キノコと 同化してる!?
しかし このツアーで 「たま」は 去年の 「たま現象」 とはまた 違った形の 試練に 立ち向かう 事になった

まずは知久がライブ中に転倒しギターを折ってしまい
ドテッ
バキッ
滝本《たきもと》は体調不良で移動の最中に嘔吐を繰り返した
ウウウ
そのうえ急遽和歌山のライブが追加で入ったのだ
KOBE
OSAKA
WAKAYAMA
もう行きたくないっ!!
このライブの日知久は約束の時間を過ぎてもやって来なかった
2人ともパーマをかけた!
知久くんマジで来ないかもしれない…
…あ ドモ
結局 大遅刻をして知久はやって来たがもうメンバーはみんな疲れていて理由を問いただす事もなく「なんだ来たんじゃないか」と普通に受け入れた
とにかく無事に和歌山の追加ライブは行われたが…
さるに〜なるよ〜

「さよなら人類」終わったわ〜
スック
ほな帰りまひょか奥さん
ガラーン
アレ途中で帰ったのってタダ券をもらって来た客だよね…
だから「さよなら人類」聴いたから もういいやって感じでさ
オレたちはキツイスケジュールで苦労してる中に追加でライブやったのに…
なんでこんな思いをしなきゃならないんだっ!!
普段温厚な石川《いしかわ》の怒りにメンバーの3人は凍りついた
料亭
今日雨庵
そして長崎ライブの打ち上げをした料亭で事件は起きた

こういう料亭なんて滅多に来れないから楽しもうぜー！
この前 和歌山でフンイキ悪くしちゃったから和やかにいかないとね
いま必要なのは料亭とかご馳走じゃないっスよ…
いま必要なのはねぇ休みですよっ！
あ〜も〜3ヵ月ぐらい休みたいな〜！
それはみんな同じ気持ちだったろう
オシボリ
そんな知久の弱音に対して柳原《やなぎはら》の何かが切れてしまった
べちゃっ

そーいうコト言うんじゃないよオマエはっ!!
シーーーン
ワナワナワナ〜
……
ビュッ
ベチャッ
ビュンビュンビュン
オ・オイオイ
2人ともやめろよオ
まあまあまあまぁ
この場は石川と滝本がわざとひょうきんにふるまい収まった
ハア
ハア
ハア

4月に入っても
ツアーは続いた
4月
APRIL
○ライブ △メディア出演 ×取材
4月4日4枚目の
シングル「海にうつる月」
とライブビデオ「野球」
が同日リリース
そして「たま」は
ツアーライブのために
沖縄に遠征した
その沖縄のホテルで
「たま」の4人は
竹中労《たけなかろう》に会った
HABU HOTEL
あ…
竹中…
さん
やあやあ諸君
しばらくぶり
ツアーはどうだい？
順調かな？
竹中さん
こんなに
痩せちゃっ
て…
あんなに
大きく
見えたのに
病気のせい
で…
今は
すごく
小さく
みえる…
そんな
竹中さんに
ツアーが
ツライなんて
言えないよ…

あ ハイ なんとか元気に やってます
そうか 元気が一番 だよ
じゃあね 期待しているよ
「たま」の良き理解者と なってくれた竹中だが 思えば多忙の中で インタビューを受ける だけだった
もう少し時間があれば プライベートの 付き合いも出来て もっと色んな話も 聞けただろう
この時が「たま」の 4人が竹中に会った 最後となった
約1ヵ月後の 1991年5月19日 竹中労 逝去 享年63

〜つづく〜

第46話
4人はアイドル?
「たま」はブームが作り上げた
イメージに翻弄され
ついに石川にも
限界が…
「たま」はツアーの最中だがここで当時のファンの熱狂ぶりに目をむけてみよう
「たま」はアイドル雑誌や女性誌でも特集が組まれて若い女性ファンも急増していた
ウワサのスーパーバンド
たまって何者
たま
テキヤは無許可で制作した「たま」メンバーのウチワや人形をライブ会場外で販売し
1991 カレンダー
1991 カレンダー
柳原
滝
たま
たま人形 ¥1000
ライブ会場内ではメンバーのコスプレをした女子であふれ
アップテンポな曲の時にはファンが踊りだす光景がみられた

そしてその頃
女優の釈《しゃく》由美《ゆみ》子《こ》が
石川《いしかわ》のランニング姿の
コスプレをしてライブに
来た事もあるという
えっ?
ムムムム胸は
どーなっとん
じゃーいっ!?
…と後年この事を
知った石川は
疑問に思ったが
その頃の彼女は
まだ小学生であった
まあ とにかく
こんなオレが
アイドル扱いなんて
コンコンチキの
ふざけた話だよ
だいたい
十人いて
その十人
ともが
オレたちの
音楽が好き
だったら
キモチ悪すぎ
ますよね
こんなの
どーせ長く続く
モンじゃないのは
わかってるん
だから 今のうち
せめて滅多に
見られないモノ
見てやらんとな!
早速 石川は
滅多に見られない
ファンの暴走を
目の当たりにする
ブロロー
石川さーん!
柳原《やなぎはら》さーん!
知久《ちく》くーん!
Gさーん!
TAXI
うわっ 箱乗りして
囲んでくる!
危ないなぁ
よおがす!
撒きやしょう!

イルレバントホテル駐車場
ブバー
ヘッヘッ やっこさんら
このホテルに泊まったと
思ったでしょうがなあ！
ナルホド!!
あとは裏口から出て
悠々と本来のホテルに
向かうと！
さすがプロだ
恐れいったよ
そうして無事に
本来泊まるホテルに
入ると…
ハハハハ
このホテルに「たま」が
泊まるという情報は
どこからか洩れていたので
すでにファンは先回りをして
タバコをふかす者までいるほど
メンバーの到着を余裕で
待っていたのであった！
フーーッ
お疲れさまでーす
サインくださーい！
あっ
この薄い本は
プレゼント
でーす！
カオスパワー
ククク…
あ…あっしの
負けでガス…

——その夜
東西イン
HOTEL
よ〜し じゃあみんな
麻雀をやろう!
この時期 滝本《たきもと》は麻雀を覚えたばかりでとにかく麻雀がやりたくてたまらない状態だった
←大浴場
好きですね〜 オレは もう部屋もどってビール飲んでます
オウ じゃあ また明日〜
けどさ麻雀しようにもファンに囲まれるから雀荘にもいけないし
麻雀牌はもってても雀卓になるような大きなテーブルがないよね
?
ウン! それは大丈夫 オレにいいアイディアがあるんだよ
まずは それぞれの部屋に飾ってある絵を持ちよって
小さなテーブルの上に4枚の絵を並べて
毛布をかければ簡易麻雀卓の出来上がり!

ジャラ
ジャラ
ジャラ
ズゴゴゴ
その時だった！
邪魔だからと
立てていたベッドが…
突然3人をめがけて
倒れ込んできたのだ！
ヒエ〜
危うく
『「たま」メンバー
謎の圧死 麻雀牌と4枚の
絵とともに』って記事が
週刊誌を賑わす
所だった…
3人が命の危機に
さらされていた事を
全く知る由もない
知久は自分の部屋で…
好きだったよ
柳ちゃ
ああ…Gさんここ…
僕には知久くんが…
ファンからもらった
やおい（BL）同人誌を
読みながらビールを
飲んでいた

ウ〜ム
コレが いわゆる やおい同人誌か〜
ついたーっ!!
けど石川さんだけ カラミがなくって ギャグキャラクター役 なのが笑えるな〜
後に石川は この扱いに対し
は〜良かった 美少年じゃ なくて… フン何さっ!
といった感想を 吐露した
そして ある日 某デパートで催された ラジオの公開録音が さらに石川を追いつめた
KENTO
91
違うちがうチガウ オレはアングラ なんだ
アイドルとは 違うんじゃ〜っ…
「さよなら人類」でおなじみの「たま」が 本日 屋上の特設ステージに登場しま〜す!
ピンポンパンポーン
紅白歌合戦にも出場した 人気者の「たま」! 人気者の「たま」でございま〜す!
ブルブルブル
その上 デパートの 館内放送が 追い打ちをかけて しまった
キリキリ キリキリ
パチ
それでは人気絶頂の 「たま」のみなさんの 登場でーす!
みなさん拍手で お迎えくださーい!
パチ
パチ

それでは いつもランニングでおなじみのメンバーから自己紹介をお願いします！
この時ダーク石川はラジオが生放送では無い事を確認すると
ニヤリ
ちがう――っ!!
ズババババ
ブルブル
ピー
ラジオでは放送できない単語を羅列してしまったのだ
ピピピー!!
あとの記憶は石川には無いただアイドルやタレントではないんだという気持ちが爆発した末の言動だった
申し訳ない!!
後年 石川はラジオ局や関係各位に対して本当に悪い事をしてしまったと反省をしている

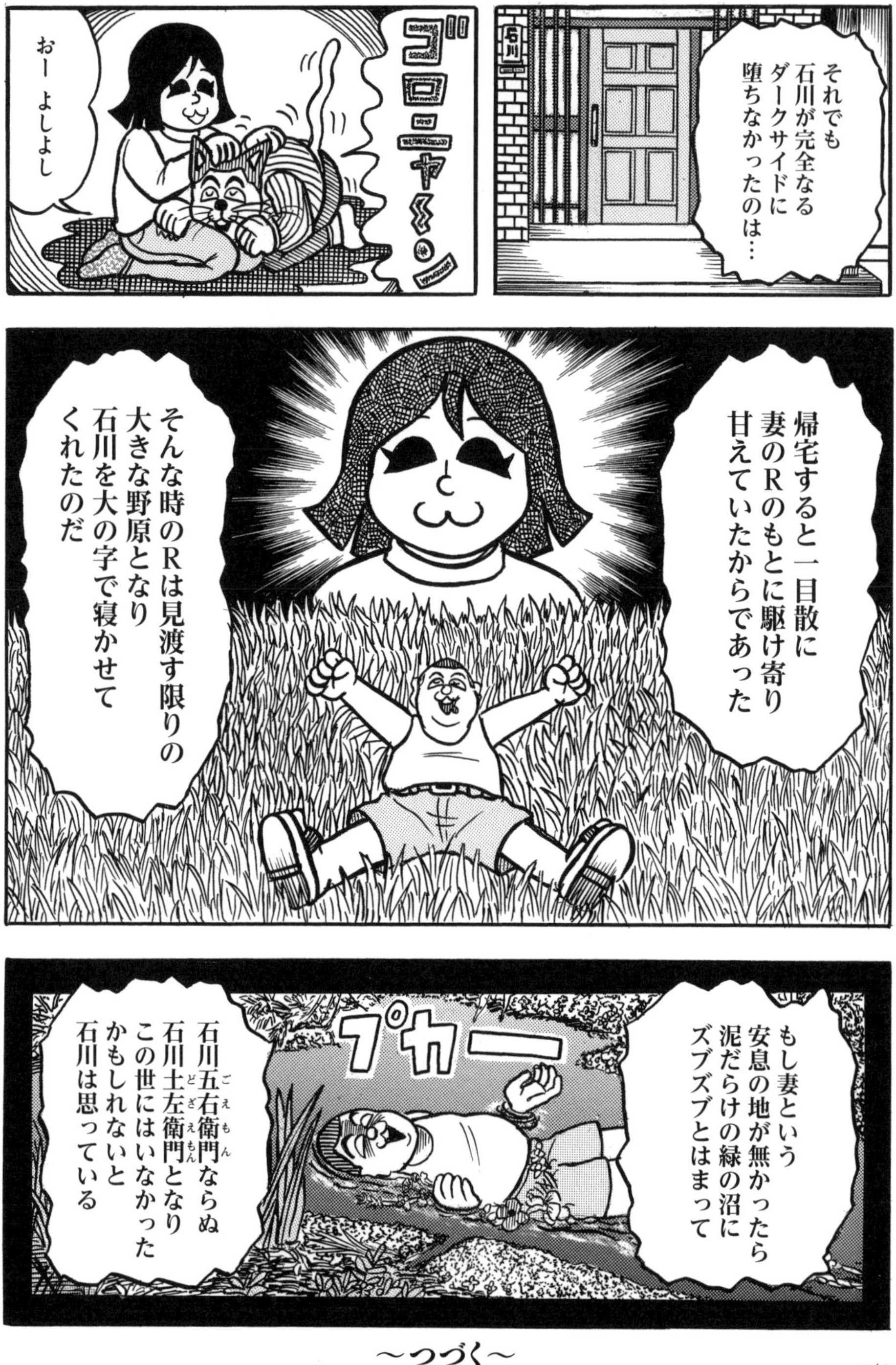
石川
それでも石川が完全なるダークサイドに堕ちなかったのは…
ゴロニャ～ン
おー よしよし
帰宅すると一目散に妻のRのもとに駆け寄り甘えていたからであった
そんな時のRは見渡す限りの大きな野原となり石川を大の字で寝かせてくれたのだ
もし妻という安息の地が無かったら泥だらけの緑の沼にズブズブとはまって
プカー
石川五右衛門《ごえもん》ならぬ石川土左衛門《どざえもん》となりこの世にはいなかったかもしれないと石川は思っている

～つづく～

第47話
バンドブームが去り
事務所を出た「たま」は
有限会社「たま企画室」
という船に乗った!
(有)たま企画室
福利厚生部長
石川浩司
〒208
1991年7月「たま」は
サードアルバム『きゃべつ』の
レコーディングを昨年に続き
イギリスのマナースタジオで行い
きゃべつ
9月20日には知久《ちく》の故郷
埼玉県川口市にある
文化センターで…
イヨ〜
コン
故・竹中労《たけなかろう》の
別れの音楽会に
参列して
竹中の絶賛した
「らんちう」を
演奏した

10月21日にはアルバム『きゃべつ』と同時に同タイトルの写真集もリリースされた
その約1ヵ月後には宮沢《みやざわ》りえのヌード写真集『Santa Fe』が発売し世を騒然とさせた
Santa
ウム〜図らずも同じ時期に発売したからオレたちのもヘアヌード写真集と勘違いされるやも…
石川《いしかわ》はわりと本気でそんな心配もしていた
そしてサードアルバム発売ツアー終了後の11月
11月
NOVEMBER
1991
友部《ともべ》さんと一緒にやれるなんて夢のようですっ!
「たま」は知久が最も敬愛するミュージシャン友部正人《まさと》とコラボアルバムを制作するためにレコーディングをスタートした!
せっかくアルバムつくるんだからさボクの書いた詞に
「たま」が曲をつける新曲を1曲収録しようよ
じゃ メンバーがひとりずつ作曲してコンペですね
メラメラメラ
よ〜し負けないぞ〜

そして曲の発表日
ワーッ
作曲が間にあわなかった知久と柳原《やなぎはら》は早くも脱落してしまった
この段階で友部が作詞した「ぼくの猫さん」の作曲者は
バチバチ
バチ
石川と滝本《たきもと》のどちらかひとりに絞られた！
散歩しましょうぼくの猫さん
玉川上水のほとりでも
ウーン!
パチ
ふたりとも良かったよ
パチパチ
でね 石川くんの曲のほうがアレンジしやすそうだから石川くんの「ぼくの猫さん」で決定するね！
あッありがとうございます

こうして友部正人＋「たま」のコラボアルバム『けらいのひとりもいない王様』には石川作曲（ただし「たま」名義）の「ぼくの猫さん」が収録された！
次点の滝本バージョンの「ぼくの猫さん」はレコ発ライブで演奏された
平成
友部とのコラボで音楽的評価の高まった「たま」だが「たま現象」も落ち着きバンドブームも去っていく中で…
4人は今後の活動方針を話し合った
本日のオススメ
枝豆
生ビールでいこう！
ドライビール
そろそろ自分たちから発信していかないとヤバイね
パーマやめた
とりあえず出来る事は最小限のスタッフと自分たちでやりたいよね
同じくパーマやめた
それが一番フラストレーションがたまらないですからね
カミガタかえた
具体的に言うとライブツアーの自主企画にレコーディングスタジオづくり…
かわらぬボーズ頭

すなわち それは
自分たちの
会社をつくるって
コトだね！
ちょうど所属事務所
PCMの契約更新の時期
でもあったので情報誌等で
練習スタジオの物件を探し
武蔵村山市へ内見に訪れた
埼玉県所沢市
東大和市
瑞穂町
武蔵村山市
福生市
立川市
ここは倉庫だった
物件になります
ウン広さは
充分だね
駅からは
遠いですけど
いいんじゃ
ないスか？
ヨシ！
それじゃあ
ココに
決めよう！
この物件の1階をスタジオ
2階を事務所として使用
する事が決まり スタジオは
「遠い」と「TOY（オモチャ）」
をかけた「とおいスタジオ」と
命名された
その後1992年初頭
PCMとは契約を更新せず
円満に退所し
オツカレー

1992年5月7日
有限会社「たま企画室」が
設立された！
当時 有限会社設立には
資本金300万円が必要であり
「たま」メンバーは平等に
75万円ずつ出し合った
75×4=300
オレが社長を
やったるでぇっ！
まっかせなさーい！
グワッハハハハ
…なーんて
オレはもちろん
誰もそんな事
言うメンバーは
いないよね
ボケー
ここは
ジャンケンで
決めるのが
一番いいよ
負けたら
社長ってのは
縁起が悪いから
勝者が社長ね！

ジャンケンポン
一発で勝負は決まった
高らかなピースサイン！
ここに有限会社「たま企画室」
代表取締役社長
滝本晃司《こうじ》が誕生した！
パチ
パチ
パチ

他のメンバーの役職は
取締役として
柳原が営業部長に
知久が広報部長に
石川が福利厚生部長にと
それぞれ就任する事が
決まった！
ブームの荒波を乗り越えた
「たま」という船は
会社組織となって
また新たなる航海へと
旅立ったのだ！
たま
TAMA

～つづく～

第48話
「たま」は
「どこでもツアー」に出発
そのツアー最終日のライブ中
石川は
不慮の事故に遭う
さ
さるも
からお
1992年11月25日「たま」独立後初となる4枚目のアルバム『犬の約束』がリリース！
せっかく自分たちの会社を作ったんだし今まで行けなかった地方の色んな所でライブしよーぜ！
サンセー！！
という感じで「たま」はレコ発ライブ終了後新たなツアー「どこでもツアー」に出発した！
これはどこでもドア
「どこでもツアー」とは車1台に楽器や機材をつめこみ搬入搬出から車の運転まで「たま」の4人と最小限のスタッフでこなすツアーで
普段なかなかライブを行う機会のない山奥の公民館とか街中でも普段ライブ会場として使われない場所を選んで全国どこでも回った

1993年4月まずは北海道ツアーをスタート！
13日 厚岸町《あっけし》 福祉センター
漁に使う網を舞台セットにしてるのか〜
それにウキや電球を飾ってるんですね
14日 釧路市《くしろ》 フィッシャーマンズワーフMOOホール
北海道でインド雑貨を見るのもなかなかオモシロイな
15日 網走市《あばしり》 法泉寺
オホッ 思ったより丈夫だ！
流氷に乗ったの初めてだよ
17日 音更町《おとふけ》 鎮練《ちんねる》公民館
ここは廃校の講堂を再利用したんだね
こりゃノスタルジックだ！
18日 浦河町《うらかわ》 大黒座
風情のある映画館だねぇ
ヒュ〜
ブルブル
にしても海風寒すぎ！
19日 北海道ツアー最終日 小樽市《おたる》 アートヒルズ
この会場ではアンコールの「満月小唄」の時にステージ後ろのカーテンが開くと…
サーッ
まーまー
まーまー
まーまー

ガラスごしに
小樽の
100万ドルの
夜景が広がった！
北海道の「どこでもツアー」は最高だったね！
9月の四国も楽しみですね！
まさかその四国ツアーの最終日にあんな事故がおきようとは
この時の石川《いしかわ》は全く知る由も無かった
9月4日 愛媛県内子《うちこ》町 内子座
イヨッ
この芝居小屋文化財だってさ
イヨ〜
5日 愛媛県津島《つしま》町 西村酒造 酒蔵
オオー大きな酒樽！
酒が飲みたくなるね
8日 高知県中村《なかむら》市 幡多《はた》文化センター
10日 香川県観音寺《かんおんじ》市 JA集荷所特設ステージ
11日 高知県夜須《やす》町 夜須公民館

12日 ツアー最終日
徳島県鳴門《なると》市
ヨーク牧場干し草倉庫
馬が入ってきますのでドアはきちんと閉めて下さい。
注意!
こりゃ 牧場らしい 張り紙だな
けど さすがに ステージは藁敷きとかじゃなくて キチンと鉄骨で 組んであるんだね
ムフッ! このイントレ (ステージ後方の照明を 吊るすための鉄骨)
ニヤリ
こりゃあ 使えるな〜
そして ライブ本番
ピーテカン トロプスに なる日も 近づい たんだよー
ズック
ヨシ! 間奏のアドリブ タイムだ
スタ スタ
カーン カーン
カーン カーン
よっこいしょ

リハーサルだと照明が当たってたけど本番は真っ暗で足下が見えないな…
その直後！鉄骨の足場を完全に踏み外してしまった！
フッ
アレ？
ガララ
ガララ
ガッシャーン
キャーッ
ザワザワザワ
光る空から落ちてくる〜トンビの先生が〜
他のメンバーは石川を心配しつつも演奏の手は止めなかった！
ウ〜〜ン…
ピクピク

ムクッ
ハッ!
ケガは…無い!
ステージに帰らなくちゃ!
ハーイ!
ピュー
ハプニングが起きても演奏を止めない「たま」というバンドを心底凄いと石川はこの時思った!
クーーッ
パチパチ
パチパチ
パチ
パチ
気をつけて〜
クスクス
オッケー!
さるー
さるーさるー
さるー
落ちたーっ!!

このアドリブで会場は大いに盛り上がった！
ドワーッ
ライブ終了後
そーいやオレが落ちてぶつかったイントレどーなってるかな？
グニャ〜リ
ゾゾ〜
こ…これは曲がったのがこの鉄骨じゃなくて
オレの首のほうの可能性も充分に高かったのか…
石川の脳裏には『たま』のランニング馬小屋に死す」の新聞記事が浮かんだ
東スポ
のランニング
馬小屋に死す！
「たま」は
居酒屋
大衆酒場

それにしても石川さん ケガなくて良かったよ
いや～ヘタしたら死んでたよ
あ 店員さん氷ください
ウヘーイ
おまちどう
あ そーじゃなくて…
ハイ？
？
打ち身が腫れてパンパンなのでそれを冷やす氷を…
ヒリヒリ
そんな事故もあったが「どこでもツアー」はおおむね成功
この93年から大きなハプニングもなく96年まで継続された

～つづく～

第49話
結成10周年を迎える「たま」は月例会で初心に帰りインディーズレーベル「地球レコード」を立ち上げた！
トンカン
トンカン
こりゃスゴイ！
オマちゃんは器用だよね
「たま」PA担当の小俣《おまた》は「とおいスタジオ」2階にミキシングルームを作った
おかげでリハだけでなくレコーディングも出来るようになったため「たま」5枚目のアルバム『ろけっと』は主に「とおいスタジオ」でレコーディングされて93年9月29日にリリース！
たま ろけっと
イラストレーター・絵本作家の山口《やまぐち》マオのアートディレクションによる歌詞カードは話題を呼んだ

年が明けて1994年！
「たま」はバンド結成10周年を迎えた！
10周年となる94年もはじまったし
ウン!
しばらく休むかぁ！
「たま」は10周年を迎えたからといっても大々的な記念イベントはやらずに雑誌等の取材をのぞいて1月～2月末まで丸々休養する「冬眠期間」に入った
さねよしいさ子さん
ちなみに知久《ちく》のみは冬眠期間中でもセッションライブ等を3回ほどやっていた
冬眠あけの4月日清パワーステーションで開催された「たまの四月馬鹿」ライブは2部制でメンバーそれぞれのソロライブの部を設けた
SATaRDAY DIGHT R&R SHOW 94
たまの四月馬鹿
この時期から「たま」はバンドと並行しつつ各自ソロ活動を活発化していったのだ

4月29日
山口県　湯田《ゆだ》温泉
詩に曲をつけてって言われてもムズカシイですよね〜
友部《ともべ》さんの時もそうだったけど詞先だと字数が曲とあわなくなったりするからね
中原中也
(1907〜1937)
「たま」は詩人の中原中也《なかはらちゅうや》生誕祭イベントにまねかれて中也の詩を元に1曲作る事を依頼されていた
ゆあーん
ゆよーん
月の光
原詩・中原中也
作曲・石川浩司
月の光が照つてゐた
月の光が照つてゐた
お庭の隅の草叢《くさむら》に
隠れてゐるのは死んだ児《こ》だ
月の光が照つてゐた
月の光が照つてゐた
おや、チルシスとアマントが
芝生の上に出て来てる
ギタアを持つては来てゐるが
おつぽり出してあるばかり
そうして中也の詩「月の光その一」「月の光その二」を元にして
石川《いしかわ》が作曲した「月の光」が見事採用された
しかしステージで空中ブランコをこぐのはシュールだな
ゆあーん
ゆよーん

さて詞が先にあると
曲が作りづらいと
自認する知久だが…
にーものじょーずでコトコトにたら〜
この年の秋 味の素調味料
「ほんだし煮物上手」の
CMソングを
栗《くり》原《はら》正《まさ》己《き》を中心とした
「栗コーダーカルテット」の
演奏をバックに歌い上げる
おしょーゆでしあげてうまくいく
これがキッカケと
なったのか知久は
後年数多くのCMソングを
手がけるようになる
この年の7月
「知久寿焼と
栗コーダーカルテット」
として初ライブを開催
それ以後
「栗コーダーカルテット」
はバンドとして
活動を開始
そうして後に
「ピタゴラスイッチ」等で
世に知られるリコーダー
アンサンブルバンド
「栗コーダーカルテット」は
誕生したのであった！
リコーダーの次は
ケーナ（南米の笛）
が待っていた

7月
フォルクローレグループ
「MAYA」のアルバム
『センサシオン』が
リリース！
石の町
sensación
その収録曲
「石の町」は知久が作詞と
ボーカルを担当し
「たま」とセッションをして
シングルカットもされている
何かオレたちって
「たま」でもソロ
でも色々やってる
よね
オモシロイから
いいじゃないスか
ウン
それはいいんだけどさ
ここでMANDA-LA2や
南青山MANDALAとかの
曼荼羅グループの
ライブハウスに
戻ってみないかい？
初心に帰る…
みたいな？
フー!!
まぁそんな
殊勝なモンでも
ないけどさ
曼荼羅グループ
ならではの特徴
ってあるじゃ
ない
実験的な事も
ホームの気安さで
できると思うし
たとえばソロ曲を
「たま」の
アレンジでやる
とか？
オレ 洋楽の
カバー曲を
歌いたい！
そうそう
そーいうの
やろうよ！
MANDA-LA 2

7月13日「たま」は ホームグラウンド MANDA-LA2で
月例会ライブを スタートさせた!
裏返して キンタマの 辺も よく洗って やるよー
キンタマ キンタマ キンタマ
ここで石川は ソロ曲「小象の…」 を披露した
しかしダンナは 放送禁止用語が 好きですな〜
いや〜 そんなつもりは ないんだけどね
オレたち メジャーデビュー なんて 考えてなかったからさ 放送禁止用語とか 気にせず曲を作って きたじゃない

禁止用語でなくてもレコード会社によってNGになった曲もあるよね
リヤカーマンとかさ
自主規制するのがプロなんだろうけどね…
社会や大人の事情は奥深いモノがあるのう…
そんなんで曲がCDに収録されないのはもったいないですよね
じゃあさ せっかく会社もスタジオも作ったんだからさ
インディーズのレーベルも作っちゃおうぜ！
インディーズ？
最近はメジャーとインディーズの垣根も取り払われてきてるしさ
いいね！ ソレ
で第1弾のCDは何を出すんです？
オレはアレがいいと思う
アレ？
こうして12月に「たま」の自主レーベル「地球レコード」が誕生した！
ちきう

その第1弾として85年にカセットで出したアルバム『ねこばば』をCD化してリリース！
当時「たま」加入前の滝本はライナーノーツを担当している
ハハハ
いや〜なんだかんだで94年は初心に帰るカタチになったね！
ポツリ…
ハテサテ…
来年はどんな1年になるんだろーねぇ…
こうして「たま」10周年のメモリアルイヤー１９９４年は過ぎ去り
「たま」にとって運命的な年となる１９９５年の幕は明けた
今年もよろしく!!

～つづく～

第50話 激動の1995年 ソロアルバムをリリースした柳原は重大な決意を「たま」メンバーに告げた
年が明けて間もない1月17日早朝 阪神淡路大震災発生
激動の1995年はこの甚大な災害からはじまった
その頃「たま」メンバーは年明けから1ヵ月ほどバンド活動を休んで各自ソロ活動をしていた
そして2月22日には洋楽を自らの意訳でカバーした柳原《やなぎはら》のソロアルバム『ドライブ・スルー・アメリカ』がリリースされた!
DRIVE THRU AMERICA
アルバムにはカバー曲だけでなく柳原オリジナルのソロ曲も3曲収録されている

2月25日
タワーレコード
店頭レコ発ライブ
TOWER RECORDS
TOWER RECORDS
パチ
パチ
パチ
パチ
みんなおぼえてる
作詞・作曲　柳原幼一郎
みんなおぼえてる
きっと忘れない
星を数えた
待ちぼうけの夜を
みんなおぼえてる
きっと忘れない
きみがはじめて
うそをついた時の
指先も
アルバムプロデューサー
萩原《はぎわら》健《けん》太《た》
いやスゴイよ
柳原くん
３００人も
お客が入ったよ
いやぁ…けどオレ
ギターがヘタだから
ボロボロでしたよ
そんな事ないって
店頭ライブだから
ピアノ曲をギターで
アレンジしたし
それはしょうがないよ
「たま」だったら
相乗効果で
何とかなるけど…
ひとりになると
こんなにダメなんだな…

翌月3月20日
東京都心で同時多発テロ
地下鉄サリン事件が勃発
後にオウム真理教の
犯行と判明し
国内外を震撼させた
ヒエ〜
まさか日本で
こんな事が起きるなんて
カミの毛切った
高円寺にも
オウムの支部が
ありましたよね〜
今年になって
暗いニュースばかり
つづいて…
いったいこれから先
どうなるんだろう…
どしたの
ヤナちゃん
らしくないなあ
悩み事がある
なら聞くぜ〜
……ウン
それじゃあ みんな
聞いてくれるかな?
?

オレ「たま」をぬけてソロで「たま」とは違う音楽をやってみようと思うんだ
!?

考えてもいなかった柳原の突然の宣言に
石川《いしかわ》・知久《ちく》・滝本《たきもと》の3人の息が一瞬止まった！
フーッ
みんなみたいにバンドとの両立も考えたけどオレはとことんソロに専念したいんだよ
「たま」を10年以上続けてきたけどこの先の10年を「たま」でやる覚悟が出来ないんだ
いやヤナちゃん突然言われても今年のスケジュールはほぼ決定してるんだよ
それはわかってる
だから正式脱退は年末まで先延ばしして今年いっぱいは「たま」でやるよ
以前は必死に柳原を慰留した知久も今回ばかりは何も言えなかった
メンバー間での感情のもつれなら修復もできるけど
やりたい事が変わったのならそれはもうしょうがないよな…

「たま」はいつでも自由な場所でありたいんだ
気に入った寄港地が見つかったらどこで降りても自由な船なんだ
ヤナちゃんも考えて悩んで苦しんだろうな…
…わかった
色々な思いはあるが石川はその一言しか言えなかった
柳原の決意を受け入れた石川と知久と滝本の3人は今後について話し合った

ぬけたいのなら
もう仕方ないですけど
柳原さんみたいな人は
他にいないですよ
ウン たしかに
レパートリーとか
キーボードとか
それ以上に
ヤナちゃんの脱退は
ダメージがデカすぎるな
石川と知久の
脳裏に
「解散」という
二文字が浮かんだ
解散
ギュッ
まださ
この3人で
出来る
面白い事って
あるんじゃ
ないかな?
3人でつづけようよ
「たま」を!

オッ!
そーだよな!
もうちょっと続けてみますか「たま」を!
こうして柳原脱退後も「たま」は3人で活動を継続する事が決まった
しかしファンへの告知はしばらくの間秘密にされる事になった
脱退を年末まで先延ばしした柳原はそんな内情をファンに悟られる事なく
「たま」の一員として残りのライブをいつものように明るく精一杯楽しんでいくのであった

〜つづく〜

第51話
滝本が入院し
さらに揺れる「たま」は
どこでもツアー終了後の11月
ファンに柳原の
脱退を伝えた
柳原《やなぎはら》の脱退を受け入れた「たま」のメンバーは複雑な思いを抱きつつ各自ソロ活動に励んでいた
その石川《いしかわ》は…ソロ活動で
一緒にやれるなんて夢のようデス！
ハハハハ
またまた石川くん大げさだよ

敬愛するバンド「突然段ボール」とのコラボアルバム『ワカラナイ』を4月23日にリリースした！
同じ時期滝本《たきもと》もソロアルバムのレコーディングを知久《ちく》をプロデューサーに据えてスタートしていた
最終電車発車しまーす
ガタン
ゴトン
そういや日付かわったから今日が石川さんのコラボアルバムの発売日なんだな…
ウプッ
ちょっと飲み過ぎた！このままじゃ電車内で吐いてしまう
ここはいったん駅におりよう
アレ??
オレは一体？
ン！血？まさか吐血!?
けど口の中は血の味がしない
とにかく鏡で確認を…

なんじゃこりゃあ
ポタポタ
ピーポーピーポー
MANDA-LA 2
滝本がケガをした事などつゆ知らない石川はその23日の夜MANDA-LA 2で
「突然段ボール」とのレコ発ライブを行いご満悦だった！
翌24日 南青山MANDALA
LIVE HOUSE mandala minami aoyama
今日はGさん遅いね
滝本さんの奥さんから電話です

エエッ!?
Gさんがアゴを6針ぬうケガをして入院するって!?
その後 滝本は5月13日に無事退院するも完治するまではライブでボーカルをとれず月例会では演奏に専念したが…
その春は
理解にくるしみ
ハ月の時計みたいに部屋をきざんでいく
ジュースをのんで
ほどけてしまう景色
まさに男の友情!
滝本の曲を他のメンバー3人が分担してボーカルをとったのである!
いや～Gさんは災難だったけど今日のライブ良かったね
辞めるっていうの撤回してもいいんだぜ まだファンの人には発表してないんだしさっ!
ポン

オレがこれからひとりだけで頑張っていこうという時にそんな話の腰を折るような事は言わないでくれよっ！
あっ…スマン
そうか！つまりヤナちゃんはオレが騙されるほどのプロ意識で
きっちり決まった仕事は楽しんでやってくれてるんだな！
色々あったが7月に滝本のソロアルバム『空の下』は地球レコードから無事リリース！
空の下
同じく地球レコードから「たま」6枚目のアルバム『そのろく』も8月にリリースされた！

さあ！レコ発ツアーも兼ねたどこでもツアーに今年も出発だ！
柳原もカミの毛切った！
95年のどこでもツアーは北海道から始まり四国・九州へと全国を約2ヵ月間まわった
そして どこでもツアー国内編が終了した11月ようやくファンクラブの会報で柳原の脱退が正式に伝えられたのだ！
柳原幼一郎 今年いっぱいで脱退します
11月14日 MANDA-LA2
たまの月例会
OPEN 18:00
START 18:30
ウッ
グス
ウル
ウル
シク
シク
ザメ
ザメ

これは明るく
おちゃらけるような
雰囲気じゃないな…
何かしゃべった
ほうがいいんだろうけど
何にも
思いつかない…
曲紹介もなく
ガンガン
いっちゃってるな
…月例会
おつかれさーん
あのう
これ今日の
アンケートです
マネージャー
上杉さん
サンキュー!
いつもながら
多いね
「柳原さんのいない
『たま』は『たま』
じゃない」
「4人の息が
まとまってるのに
別れるなんて」
「ヤナちゃん
やめんなよー」
「泣くもんかと
思ってたのに
1曲目から泣いて
しまった」
「4人の
アンサンブルが
『たま』なのに」
「会報で知った
ときはガックリ
しました」
「もう私の中で
『たま』は終わり
ました」

ライブ中は静かに受け入れて
いるとも感じられた
ファンの正直な気持ちが
アンケートに吐露されていた
こっちは前から
知ってるから
心の準備は
できてるけどさ
ここに書かれてる
ように1曲目から
泣いてるお客さん見たら
つられて こっちも
泣きそうになったよ
たしかに
お客さんは泣いてるん
じゃないって思わないと
普通にやれなかったな…
だから涙をふいてるん
じゃなくって汗を
ぬぐってるんだって
思うようにしてたよ
…そうだよな
ヤナちゃん
ヤナちゃんもライブ中に
汗をぬぐっていたけど
涙をごまかしていた
ワケじゃないんだと
オレもそう思う事にするよ！

～つづく～

第52話
「たま」は初海外公演
ニューヨークライブを完遂!
そして運命の日となる
クリスマスイブが
訪れる…
ゴーーッ
ドジャーン
ウワー
ニューヨークだ!
オレたち 今 ほんとに ニューヨークに きてるんだー!

「たま」は初の海外公演を どこでもツアー ファイナルライブとして このニューヨークの ニッティング・ ファクトリーにて 開催するのであった！
KNITTING
74 LEONARD
FACTORY
「たま」ライブの フロントアクトを務めたのは 知る人ぞ知る名ギタリスト マーク・リーボーだった
マーク・リーボー 主に実験音楽や フリージャズ等で活動
トム・ウェイツ エルヴィス・コステロ SION 矢野顕子《やのあきこ》等の ミュージシャンとも セッションをしている
この会場はホールの手前に バーカウンターがあり ホールから洩れ聴こえる 音楽が気に入ったら チャージを払い ライブが観られるという システムだった
とはいえ観客は 柳原《やなぎはら》が脱退するという報を 知ってニューヨークまで かけつけた日本のファンが 中心だった
T・A・M・A 「たま」！ T・A・M・A 「たま」！
ニューヨーク美術館は MOMA《モマ》！
考えて きてる！

※正確にはニューヨーク近代美術館

そうしてライブも
後半にさしかかると
ザワ
ザワ
ヒュー
次第に地元
ニューヨーカーの
観客が集まり
立ち見でいっぱいに
なっていた！
グンナイ
ラストソング
ウィーアー「たま」！
プリーズプリーズ
拍手プリーズ！
誰も知らない
校庭で
みんなして
ひかってる
何にもしない
声も出さないで
ニューヨークライブ
最後の曲は
「鐘の歌」だった
パチ
パチ
パチ
ユラ〜〜
Knitting Factory
もおお
興奮しているからって
静かな曲の時はちょっと
大人しくして
ちょうだいな〜
ムフフフフ

バターン
なんと曲の途中で
セットのベニヤ板の
看板が倒れてきて
石川《いしかわ》を直撃した！
しかし数年前の鉄骨と違い
ベニヤなので ケガもなく
もちろん他のメンバーも
演奏を止める事はなかった
※ヨーク牧場の時も
思ったけど…
やっぱりこのバンドは
スゴイ！
…けど
この4人で
やれるのも
あと
わずか
なんだ
よな…
ドワーッ
ニューヨークライブは
大盛況で幕を閉じた！
ライブ翌日
知久《ちく》は部屋で
のんびりすごし
柳原は街へ
スケッチに出かけた

※第48話参照

CIRCUS
そして石川と滝本《たきもと》は
2人でサーカスを
観に行った
サーカス団員って
不器用なオレには
無理な仕事だな〜
石川が「パスカルズ」での
ライブパフォーマンスを
買われてサーカスから
スカウトされるのは
まだ先の話である
シルク・ドゥ・ソレイユ
プロデューサー
ちなみに
アコースティック
オーケストラバンド
「パスカルズ」は
この1995年の
1月に初ライブを
している
この時期は
まだメンバーが
固定されておらず
石川は参加していたが
知久はまだ未加入
だった
ともかく「たま」は
4泊6日の
アメリカ遠征を終え
無事帰国
ゴー
そして
12月21日
12月
21日
木曜

「たま」のお歳暮ライブがここ東京パナソニック・グローブ座（現・東京グローブ座）ではじまった！
21日から24日の昼公演まで大きなトラブルもなく順調に終わり…
ザワ
ザワ
ついに4人体制での「たま」ラストライブとなる24日夜公演の時間が迫って来た！
オオ栗原《くりはら》さん！
川口《かわぐち》さんも
※栗コーダーカルテット・メンバー
「たま」が楽屋で陣中見舞いに来た友人知人たちと和気藹々《わきあいあい》としてる頃会場の外では…

ワーワー
当日券 売ってくれよーっ!
ダメならせめて ロビーの中だけでも 入れてくださーい!
アワワワ
普段は皆さん 大人しいのに…
マネージャー 上杉《うえすぎ》あや
岡本《おかもと》さん どうしましょう
ウーム
ツアーマネージャー 岡本直也《おなや》
ヨシ!
スイマセン ご相談が…
ハイ?
実はあの 入れなかった お客さんが
クレーム入れてて トラブルがあって
「たま」の事務所と しましても せっかく 来ていただいている ファンの方々に対して
せめてビデオだけでも 観ていただけるように 出来ないかと思った次第 なんですけど
じゃあ ちょっと 相談してきますね
よろしく お願い します!

そうして急遽ロビーに
モニターを設置して
会場の様子を映す簡易的な
パブリックビューイングを
つくって入れないファンに
開放した！
ガチャッ
えー開場
いたしまーす
ドドドーッ
異様な雰囲気の中
「たま」のお歳暮ライブ
最終公演は始まった！

～つづく～

第53話
船からひとり降りた
牛小屋でねた
昼まで〜
4人体制の「たま」ラストライブ「たまのお歳暮'95」12月24日夜の部1曲目は柳原《やなぎはら》の曲「牛小屋」だった！
いつまでも
牛小屋
で
いつ
までも
牛小屋
で
牛になるまで
牛小屋で

「たまのお歳暮'95」
1995年12月24日(夜の部)
前半〜中盤セットリスト
1・牛小屋
2・ロシヤのパン
3・ふたつの天気
4・リヤカーマン
5・ジャバラの夜
6・月食仮面
7・海にうつる月
8・でんちう(電柱)
9・たかえさん
10・日曜日に雨
11・ウララ
12・とこやはどこや
13・夕暮れ時のさびしさに
14・お経
15・冥王星
イヨ〜
イヨ〜 イヨ〜
イヨ〜
そして16曲目にイカ天初出場時に披露した名曲「らんちう」を演奏した
魚でいちばんかなしい金魚
金魚でいちばんかなしいらんちう
メンバー紹介をさせてくれい

ランラン
ギター
「明るいAマイナー」
知久寿焼《ちくとしあき》！
ラーラー
ベース
「マカオの黒豹」
滝本晃司《たきもとこうじ》！
ラララララ
パーカッション
「歌う飛び道具」
石川浩司《いしかわこうじ》！
「フニャフニャ人生」
柳原幼一郎《よういちろう》！
「たま」でした！
しかし知久はこの柳原のアドリブに満足出来なかった
魚でいちばんかなしい金魚
金魚でいちばんかなしいらんちう
逃げようったってそーはイカナイ！
ランラン
…思い出は走馬灯のように
駆け巡るワケでございます
ラーラー
思えば11年前あの高円寺のあの汚いアパートの一室から始まった私の旅は今いちおうここで終わろうとしています
キタナカッタネー
ラララララ
最後の力をこめて歌います

嗚呼！この「らんちう」との出会いが
私の青春でしたー！

またウソかい！
ありがとー！
コン
「らんちう」が柳原さんの青春のすべてとは意外でしたね
続く17曲目は「満月小唄」をシットリと唄いあげた
ども今日はクリスマスイブにこんなに集まっていただきましてありがとうございました
先ほどからチラリとセリフで出てきてますが
ぼくは今年限りで「たま」をぬける事になりました
えっと何かたくさん贈り物をこの3人からいただいたので
贈り物って11年間にですよ
何かうれしいですまたどっかでお会い出来ればなと思います

今日は
クリスマスイブ
こんなに素敵な
コンサート出来て
うれしいです
「たま」とぼくの
未来に幸あれ
という事で今日は
どうもありがとう
ございました！
18曲目は
ラストソング
「鐘の歌」
ワーーッ
パチパチパチパチ
アンコール！
ヤナちゃーん！
パチパチ
Gさーん
パチパチ
パチパチ
アハハハハ
パチ
今日は
クリスマスイブ
メリークリスマス
き〜よし〜
キヨシ！
こ〜の夜〜
柳原がアドリブで
「きよしこの夜」を
歌った事に対して
メンバーはとっさに
即興であわせて
演奏をした

そしてそのまま
アンコール1曲目
（全体19曲目）
「マリンバ」を熱唱！
ヤナちゃーん
パチパチ
パチパチ
柳原サ〜ン
パチパチ
パチパチ
オウ！！
ランニングサンタだぜ〜
「クリスマスブルース」
石川浩司です
拍手をお願いしまーす
パチパチ
パチパチ
本来なら
4人で最後の
コンサートだから
涙・涙のはずが
何故か
オイラの頭にゃ
赤い帽子が
乗っている
これじゃ涙・涙
でもちょっと
カッコ悪いな〜
「たま」が生まれたのは
11年前の11月
丁度こっから歩いて10分位の
地下室で生まれたのさ
それが今じゃ
こんなこと！
ワー！！！

世の中何がおこるか
わからないから色んな事
楽しみにして
ニコニコゲラゲラ
笑って生きていくと
いいと思うよ〜！
ババババーン
サンキュー！！
また来年も
楽しいゾー！
アンコール
ラストとなる
20曲目は
「お昼の2時に」
21曲目（2度目の
アンコール）は
「あるびの」
そして
2度目のアンコールの
ラストソングに
選ばれたのは
柳原が作った代表曲
「さよなら人類」!!
柳原が「たま」で
歌う自作曲は
「さよなら人類」が
正真正銘の
最後の曲となった
今日人類がはじめて
木星についたよ
お茶

この曲がヒットして「たま現象」だなんて言われて…
レコ大とか紅白まで経験したけど…
「たま」は自作曲は自分ボーカル制だから…
もう二度と「さよなら人類」を演奏する事は無いんだよな…
ついたーっ!!
パチパチパチパチパーパチ
どーもありがとーございまーす
パーーパチパチパチパチパチパチ

23曲目（3度目のアンコール）「空の下」
24曲目は「たま」結成ライブで一番最初に演奏した曲「おやすみいのしし」
そして3度のアンコールに応えた末の25曲目正真正銘のラストソングは
イカ天で5週を勝ち抜いた記念碑的な曲「まちあわせ」！
兄さんはヨシムラでハムカツ買ってー
ニヤリ
食べサンキュー
粉がついてる
口のまわりに
石川は口のまわりだけでなく柳原の顔じゅうをなでまわした！
ハムカツのー
11年間ずっと見続けてきた柳原の顔を惜しむように！

全25曲！
ワー
「たまのお歳暮'95」ライブは大盛況で幕を閉じた！
パチパチパチパチパチパチパチパチ
本日の公演はすべて終了いたしました
火気厳禁
パンパンパンパンパン
ずっと拍手が鳴り止まないね
…じゃ最後の挨拶しにいこう
パンパン
ドワワーッ
どうもありがとうございました
えーとソロでまた活動していきますんでまたきっとどこかで会えると思います
その時はまた楽しみにして観に来て下さい

本当にどうもこれまでありがとうございました！
思い返せば脱退宣言から約半年最後の最後まで本当に楽しんでライブをしてくれたな…
サンキュー！ヤナちゃん
カッコよかったぜっ！

1995年12月24日　柳原幼一郎　脱退

〜つづく〜

第54話
3人になった
「たま」の新たな船出!
淡々タヌキ時代の
航海
1996年から「たま」はカルテットからトリオになった!
けど今の「たま」の楽曲にはキーボードが必須だしそれを外して新たなアレンジはすぐには出来ない…
やっぱり正式メンバーではなくてもサポートのキーボードが必要ですよね
それじゃあ友達や知り合いのミュージシャンたちに当たってみよう!

という事で様々な
ミュージシャンが
「たま」のサポート
キーボードを担当した
元「ハミングス」
上田禎《うえだただし》
「THE BOOM《ザブーム》」TOMOVSKY《トモフスキー》
宍戸留美《ししどるみ》等のアレンジ＆
プロデュースを担当
佐藤《さとう》ミッシェル俊雄《としお》
（現シュガー・スペクター）
アイドルのバックバンドの
他「ハミングス」のサポート
キーボードも担当
元「ヤプーズ」
ライオン・メリィ
戸川純《とがわじゅん》　あがた森魚《もりお》
「ヴァージンVS」等多数の
アーティストやバンドで
キーボードを担当
そして中でも一番多く
「たま」のサポートを
担当したのが
どこでもツアーにも
同行した元「RISU」
斉藤哲也《さいとうてつや》
後にバンド
「Nathalie《ナタリー》 Wise《ワイズ》」に参加し
神田珠美《かんだたまみ》とはユニット
「さいたま」を結成する
（後に石川が合流して
「さいこうたま」と
しても活動）
96年はこの4名が
サポートした！
その後も「パスカルズ」
バンマスのロケット・マツ
ちんどん楽団
「アダチ宣伝社」社長
足達英明《あだちひであき》（現・足達ひでや他）
「サンディー＆ザ・サンセッツ」
に参加経験のある鈴木《すずき》アキラ
以上「たま」解散まで
計7名のサポートが入った

そしてこの男の存在を忘れてはならない！
雨の日のサーカステントは無く〜
地下生活者の身内のシンガーソングライター大谷《おおたに》ひろゆき（現・大谷《おおたに》氏《し》）
この時期は「大谷シロヒトリ」という芸名を名乗っていた！
彼はギタリストゆえに「たま」のサポートには入ってないいが
ぺったん
ぺったん
石川とユニット「ホルモン鉄道」を結成して活動を始めた
ちなみにユニット名はこの年にリリースしたアルバム『ホルモン鉄道』のタイトルがそのまま定着したものである
ホルモン鉄道
石川浩司&大谷シロヒトリ
柳原《やなぎはら》の脱退は確かに大きな事ではあったが「たま」という船は基本的に変わらずに新たな航海をはじめたのであった

だがその新たな航海で
早速大きな追い風が吹く！
三人ともVocalとります。
Guitar Toshiaki CHIKU
BOSS Koji TAKIMOTO
友人の漫画家
さくらももこ氏の作詞による曲
「あっけにとられた時のうた」が
「ちびまる子ちゃん」のEDに起用され
シングルCDも大々的にリリースした！
ちなみに92年には
映画『ちびまる子ちゃん
わたしの好きな歌』の
挿入歌に「星を食べる」が
起用された事もあった
ラララランラ
ランラ
ラン
「ちびまる子ちゃん」は
フジテレビ系列では
日曜日18時から放送
その後18時半からは
同じく国民的アニメの
「サザエさん」が放送
そしてその後の19時は
1996年6月16日から
新番組「こちら葛飾区
亀有公園前派出所」
（こち亀）がスタート！
その「こち亀」の
EDに起用された曲が
「ホフディラン」の
デビュー曲「スマイル」
だった！
スマイル
ホフディラン
いつでも
スマイル
しようね
とんでもない
ことが
おきても
さぁ

そう！この「スマイル」は90年の横浜アリーナのコンサートで「たま」に遭遇し大きなショックをうけた青年（※第41話参照）渡辺慎《わたなべしん》が作詞作曲を担当
彼は小宮山雄飛《こみやまゆうひ》と組んだユニット「ホフディラン」の「シン・ワタナベイビー」として見事にデビューを果たしたのであった！
日曜の18時と19時というゴールデンタイムのアニメEDを一時期「たま」と「ホフディラン」がそれぞれ担当していたのはまさに奇縁といえよう
しかしワタナベイビーが「たま」と共演するのはもう少し先の話である
そして96年9月25日新生「たま」最初のアルバム（通算7枚目）その名も『たま』がリリースされた！
たま
同じ時期八重山《さえやま》民謡歌手大工哲弘のアルバム『ジンターナショナル』にもゲストミュージシャンとして参加した
八重山民謡歌手大工哲弘《だいくてつひろ》
様々なミュージシャンとセッションすると共に島唄の指導も行っていて生前の竹中労《たけなかろう》とも交流があった
オッ！それ『「たま」の本』ですね
労さんに進呈してもらったよー

哲ちゃんをいつか「たま」と一緒に演らせたいんだよね
オリオンビール
エーッ まさかそんな夢のまた夢ですよ 労さん
いや出来る！
それが俺の夢なんだ！
…って労さん会うたび口癖のように言っててね
その夢がこうして叶ってホント嬉しいサー
…竹中さん
「たま」はこうして3人になったけど…
俺達は淡々とタンタンタヌキで元気にやってますから
安心して草葉の陰で見守ってて下さいね！

そして12月
1996年 平成8年
12月
ジャーーーン
「たま」はフランスのバンド「レ・ノンヌ・トロッポ」から共演のオファーを受けて
昨年のニューヨークに続く2年連続の海外公演をフランス・パリで開催した！
これでミーたちはおフランスも制覇！国際的なバンドザ〜ンス！
ダンナ〜すっかりフランスにカブレちゃってますな
そういやフランスに来たのも数年前のレコーディング以来だな
あの時はオフをもらってスペインのマドリードまで旅行して…
そこでヤナちゃんはさり気なくスペインを歩く自分に酔って気取って歩いてたっけ…

今 このパリの路地からも
ヒョッコリと歩いてきそうな気がする…
石川《いしかわ》さんどーしたの?
あ ウン 何でもない 今行くよ!
1996年 3人になった 新生「たま」の1年は
こうして淡々と過ぎていったのであった

〜つづく〜

第55話
「たま」は吉田戦車の漫画
「ぷりぷり県」とコラボ
そして背筋も凍る？
「もののけ番外地」
3人になって1年たって思ったんだけどさ
他の人と「たま」とでコラボとかやりたいよね！
友《とも》部《べ》さんとやった時みたいな？
ウン それもアリだけど
ミュージシャンに限らなくてもいいんじゃない？
別ジャンルの人と組んだら化学変化がオモシロそーじゃん
とゆーコトでこの漫画を読んで欲しいんだ

この「ぷりぷり県」のイメージソングをつくろうぜ!
吉田戦車
ぷりぷり県
BIG SPIRITS COMICS SPECIAL
「ぷりぷり県」は架空の県ぷりぷり県の奇妙な文化を主人公つとむがお国自慢するギャグ漫画で95年~98年まで「ビッグコミックスピリッツ」で連載された
「伝染《うつ》るんです。」の吉田《よしだ》戦車《せんしゃ》さんの漫画なんだね
そうそう
吉田戦車「伝染るんです。」で不条理ギャグに革命をもたらしたパイオニア「いじめてくん」「歯ぎしり球団」等代表作多数
ねたみ
２０２４年現在「伝染るんです。」に登場した人気キャラ「かわうそくん」を主人公にした4コマ「かわうそセブン」を東京新聞にて連載中
オレ 小学生の頃全国各地の観光パンフとか取り寄せてたからさ「ぷりぷり県」に出る奇習とか名物のネタが大好きなんだよね〜
この「ぷりぷり県」の奇習や名物をテーマにみんなで曲をつくってさ
コラボアルバムを出そうじゃないか!

そうして原作者吉田戦車氏に許可をとり氏も作詞やコーラスで参加した「ぷりぷり県」コラボアルバム『パルテノン銀座通り』が7月23日リリースされた！
パルテノン銀座通り
表題作は滝本《たきもと》曲の「パルテノン銀座通り」ぷりぷり県随一の繁華街でデートする男女を歌ったラブソングである
パルテノン銀座 商店街
表題作こそ滝本にゆずったがこのアルバムは石川《いしかわ》が大きくイニシアチブをとっていた
「ツルラのテーマ」「生ビールでいこう」「ゴーゴー川で泳ごうよ」「笑う信号」の4曲を担当
アルバムの半分を石川曲が占める形になった
ツルラ
生ビールでいこう
ゴーゴー川
笑う信号
知久《ちく》は「満月の丸バナナ」と吉田戦車作詞の「かわいい流れ蛸」の2曲を担当
丸バナナ
流れ蛸
滝本は表題作の他に「100㎜の雨～雨男村の子守唄」（2つの曲を1曲につなげた曲）も担当した
梅雨
雨男村

8月には原作者の吉田戦車氏も招き東京と大阪で大々的にレコ発ライブが開催された
そこで知久はアルバム収録に間にあわなかった「ざらざら恋の唄」を披露
ナガレダコのボーシ
石川は「ぷりぷり県」の怪談のエピソードをそのまま歌詞にした「舅乙女変化《しゅうとおとめへんげ》」をギターで弾き語った
しゅーと
おとめ
へんげ
「怪談」はこのライブだけではなかった
ドロドロドロ
ホラ！あなたの後ろに霊がいますっ！
稲川淳二《いながわじゅんじ》芸人を経て独特の口調を生かした怪談の語り手として数多くのメディアで活躍
「たま」はアルバムの発売日にこの怪談の第一人者稲川淳二と共に
レコ発ライブとは全く関係のないイベントに出演したのであった！

それはナンジャタウンのお化け屋敷のアトラクション「もののけ番外地」のオープンお披露目会！
もののけ番外地
そのテーマソング「ここはもののけ番外地」を「たま」が担当しCMに稲川が出演した事で共演したのだ
いや〜アルバムの発売日と別の仕事が重なるなんてオレたちもまだまだ売れっ子だね
このお披露目会は当然「たま」の3人がそろったが…
9月14日に開催された「あなたのとなりの怖い話コンテスト」では
ナンジャタウン・もののけ番外地プレゼンツ
あなたのとなりの怖い話
実話怪談コンテスト
ポッッーン
たま
某
パーパーパーパ
チーチーチーチ
なんと滝本と知久のスケジュールがあわず石川ひとりが審査員として出演する事になった
審査委員長は稲川淳二が務めてコンテストははじまった

いや〜 ひととおり話を聞いたけど一番最初の話が怖かったですね〜
ブルブル
稲川さんもそうですかボクもです
こりゃもうほぼ決まりですね〜
…あのスイマセンコレを
ヒソヒソ
？
ババーン
スイマセン！いちばん最初の話はTVで一回つかわれてますのでNGで！
ウッ
サーーッ
えっ！ちょっともう優勝は決まったってな空気になってるのに！
今さら別の話を優勝にだなんてどーすんの？
あの稲川さんコレ…
ウム！

石川の心配をよそに稲川は巧みな話術でその場を難なく切り抜けた
フー…… さすが稲川さんだ
ホッ
イヤハヤ怪談より肝を冷やしたわい
パチ パチ パチ
実は石川さんのバンド「たま」がここ「もののけ番外地」のテーマを歌ってますので
今から石川さんにナマで歌ってもらいまーす！
ササーッ
エッ？
いや待って！ボクはこの曲ではコーラスだけでメインでは歌ってないですから！
大丈夫大丈夫！テープ流しますから それにあわせて歌ってください
ねえ いっしょに あそんで おくれ
仕方ない！コーラス以外の所は踊ってゴマかしてやれいっ！
ヨッ
ホッ
ハッ

ものもの
けけけけ
スック
ここはもののけ
ここで稲川が助け舟とばかりに石川と一緒に踊りだした！
番外地〜
おかげで和やかに無事イベントは終了した
稲川淳二
97年はジャンルをこえたコラボの他にも稲川の芸人魂にも触れた事で こうして石川は表現者としてのスキルをさらにアップしたのであった！

〜つづく〜

第56話
新たな船
「しょぼたま」が出航!
そしてワタナベイビーは
ついに「たま」と
初共演を果たした
それは1998年
地球レコードから
7月25日にリリースされる
8枚目のアルバム
『いなくていい人』の
レコーディング真っ只中の
5月27日
いなくていい人
南青山MANDALAで
開催された
月例会ライブでの
出来事だった!
ドキドキドキ
スイマセン
失礼します!
オ!
キミは
たしか…

ハイ！「ホフディラン」のワタナベです！
あー キミがワタナベイビー君かあ
知ってもらえてて光栄です！
今日のライブサイコーでした！
アリガト〜
オレとベイビー君の声が似てるってファンの人たちからもよく言われるんだよ〜
いや そんなオソレオオイ
オッ！ そんじゃーさいつか機会があったら
いっしょにセッションとか出来たらいーね！
ハイッ！その時は是非よろしくお願いします！
ワハハハ
普通は社交辞令で終わるような何気ない会話だったが
約2ヵ月後早くも共演の機会が訪れた！

レコーディングを終えた
後の7月19日
下北沢CLUB《クラブ》 Que《キュー》にて
ワタナベイビーが
飛び入り参加するイベント
「ビバヤング」で
WELCOME TO CLUB Que!
SWITCH
「たま」は飛び入りの
飛び入りとして
サポートキーボードの
いない「しょぼたま」の
3人で共演する事に
なった！
「しょぼたま」とは
「しょぼいたま」の略で
元々しょぼさが
「たま」らしさの一端を
担っているのだが
これをさらに推し進めて
「究極の音圧の少ない
バンドをつくる」という
コンセプトで生まれた
言わばバンド内バンド
である！
石川《いしかわ》のパーカッションは
骨組みを紙の筒で
組み立ててそれに鍋・
桶・タンバリンなどを
くくりつけた簡易的な
セットになり
滝本《たきもと》は電源やアンプが
必要なベースに代わり
ピアニカやトイピアノ等の
キーボードを担当
しかしピアニカだと
コーラスがとれない
欠点があった
↑フーセン
そこで風船をつけて
その吐き出す空気で
演奏する離れ業を
編み出した！

そうして97年11月16日の
月例会ライブで
「風船ピアニカ」は
初披露され
12月には
原マスミを
ゲストに迎えた
「たまのお歳暮'97」が
開催された
原《はら》マスミ
「たま」メンバーにも
影響を与えたシンガーソング
ライターでイラストレーターと
しても吉本《よしもと》ばなな作品の
挿画で知られている
このライブの1コーナー
で「しょぼたま」は
本格的に始動したが
風船ピアニカには欠点が……
学校に
まにあわ
なーい
だって
しょうがないよ
演奏時間の長い「学校に
まにあわない」では風船の
空気が尽きてしまうのだ
しょぼくん
フットポンプ
そんな時はアドリブ中に
滝本が風船に空気を
いれるのも一つのお約束
だった
プク～
シュコ
シュコ
そんな
「しょぼたま」
という新たなる
船に

飛び入りライブという
形の一瞬だけではあるが
ワタナベイビーは
乗船する事になり
あたかも自分が
「たま」メンバーの一員に
なったかのように感じる
のであった!
会場裏口
スイマセン
飛び入りなんで
こんな所でリハを
させて…
あの〜そこ通り道
なんですけど
あっ
スイマセン
え〜と じゃあ
どこでリハ
やろうか?
近くの
公園でやろう
え〜公園ったって
ココ
下北沢ですよ
近くに
無いよね〜
…コドモ
エッ!?

地元の子供の後についていけば
公園にたどりつく！
そんなうまくいきます？
まあダメ元でやってみよう
ゾロゾロ
ジャーン
ス…スゲ〜
本当に公園についた…
ワイワイ
さすがGさん唯一の子持ち！
プ〜ン
じゃあ蚊もいるしさっさとやっちゃおう
パシッ

ぼくの
おしごとは
いなくて
いいひと
この出来事は
初共演時の思い出として
ワタナベイビーの心に
深く刻まれた
シミルナー
それから
6日後
98年7月25日
紀伊國屋ホールでの
「たまの暑中見舞」
ライブで
観客として
ワタナベイビーが
楽しんでいたら…
えーと
ベイビー来てるよね？
じゃあ「ホフディラン」
のワタナベイビー君に
ステージに上がって
もらいましょー
エエーッ!?
パチパチパチパチ
なんと思いがけず
飛び入りで演奏
する事になった！

じゃあ「スマイル」歌います
ワーーッ
パチパチ
いつでもスマイルしようね
とんでもないことがおきてもさぁ
可愛くスマイルしててね
なんでもない顔して
出かけりゃいいのさ
ねぇ笑ってくれよ
「たま」に影響を受けたミュージシャンワタナベイビーはこうして「たま」と親密になり
その後もまた「たま」のライブに飛び入り参加する事になるのだがそれはもう少し先の話である

〜つづく〜

第57話
「たま」は
舞台役者を経て
本業のバンドでヒマラヤの麓
ネパールへと
雄飛した
ねむれない
夜にはねむり薬
のむよ
おきれない
朝には
おき薬を
おくよ
1999年3月28日～4月13日スペース・ゼロにて劇団「ナイロン100℃」の芝居「薔薇と大砲～フリドニア日記#2～」が公演
作・演出がナゴム主宰のケラリーノ・サンドロヴィッチという縁もあり「たま」の3人も役者として出演した！
NYLON 100℃
薔薇と大砲
劇中歌の演奏では滝本《たきもと》の「風船ピアニカ」が初めて「たま」のライブ以外で披露された

風船をピアニカにつけるなんてええアイディアやな〜
ミュージシャンピアニカ前田《まえだ》
鍵盤ハーモニカ奏者の草分け的な存在として活躍ソロ以外でも数多くのミュージシャンとセッションをしている
オオッ！ピアニカの第一人者に絶賛されるなんてスゴイね〜
ちなみに配役は石川《いしかわ》が墓石屋主人ゴンサガ役知久《ちく》がその息子のエステーバン役滝本が神父役だった
墓石屋主人
エステーバン
神父
知久くんとは三つしかちがわないのにオレが父親役かーい！
プンスカ
そして11月3日
11月
3日
水曜
ワタナベイビーのソロシングルCD「坂道」がリリース
表題作「坂道」は忌野《いまわの》清志郎《きよしろう》との合作である！
そのカップリング曲「1ラウンドでノック・ミー・ダウン」に「たま」が演奏とコーラスで参加した！

1ラウンドで
ノック
ミー
ダウン
クリッ
クリッ
ストリップー
ボイ〜ン
ワーオ
ヒョヒョヒョ
ヒョー
うわ〜
ダンナ
はりきってん
なあ
スゴイねー
今月のタイトルマッチはさ
フフン！
ここまで叫びまくれば
ベイビー君もオレの
声を多めに拾って
くれるだろう
クリッ
クリッ
ストリップー
ボイ〜ン
ワーオ
THINKIN
GLOBAL
ウ〜ム
これは…
削れませんね
エッ？
決めましたっ！
石川さんの声
全部つかわせて
もらいますっ！

エエ♪
ソンナツモリジャ…
石川のこのかけ声は歌詞カードでは「ラップ」と書かれた
石川浩司(Drums,Percussion,Rap)
Yeah!
YO! コレでオレもラッパーデビューだぜいっ!
RAP
そしてワタナベイビーのソロシングル発売記念ライブが新宿リキッドルームで開催され
LIQUID ROOM
ワタナベイビーに出演依頼を受けスケジュールの合った石川ひとりが飛び入り参加する事になった!
飛び入りゲストは石川だけでなく
あの「キング・オブ・ロック」こと忌野清志郎もゲストで呼ばれていた!

あのっ これ今度 出る ボク達の CDですっ
おおっ ありがとう
……………
「RC サクセション」の アルバムでは 『PLEASE』が 特に好きで… あっ 初期の頃 から聴いて ましたけどっ
おっ そうなんだ
……………
楽屋で憧れの キヨシローさんと ふたりきりなのは うれしいけど…
お互い根がシャイ だからキンチョー するなぁ…
そそくさっ
じゃあボク そろそろ 出番なんで…
石川は太鼓も持たず 手ぶらで「1ラウンドで ノック・ミー・ダウン」の 「ラップ」を絶叫した!
ワッバーイ
ノック・ミー・ダウン!

石川の出番のあとに
丹下《たんげ》左膳《さぜん》をイメージした
着流し姿でステージに
上がりホラ貝を吹く熱演で
観客を沸かす忌野清志郎は
最高にカッコよかった！
と石川は思った
カタ カタ
石川の新たなる
活動の場は「ラップ」
だけにはとどまらない
12月 読者参加型
ホームページ「石川浩司の
ひとりでアッハッハー」
を開設！
石川浩司のひとりでアッハッハー
この１９９９年から
２０２４年現在まで
入院による中断をのぞき
毎日更新を続けている！
そして２０００年には
「たま」がアマチュア時代に
ナゴムからレコードで出した
『でんご』『しおしお』の2枚が
ＣＤ化して復刻され
でんご たま
しおしお たま
通算10枚目のアルバム
『東京フルーツ』も
地球レコードからリリース
された！
東京フルーツ たま

そのアルバム発売から間もない3月
ゴーッ
「たま」はアメリカとフランスに続いて3ヵ国目となる海外公演の地
サポート斉藤哲也
ヒマラヤの麓ネパールの首都カトマンズに降り立った！
到着翌日に「シヴァラトリ・ミュージック・フェスティバル」に参加
RLD MUSIC FESTIV
首都カトマンズ以外でもリゾート地ポカラでライブを開催した
その他日本の旅行ガイドに載っていない国境の町ジャパでもライブは開催された
ヒュー
ウワ〜このイントレぜんぶ竹で組んで作ってあるよ〜

イントレだけ じゃなく 舞台も竹で 出来てるよ
けっこう 揺れるよね
安全面の不安を抱えつつ ライブは始まった
グラグラ
ウワッ 歌ってる時も 太鼓の振動でマイクが ズレて音が拾えない！
ザワ ザワ
何か… お客さんの 反応が 明らかに アメリカや フランスとは 違ったね
正直 ウケてんだか どーだか イマイチ わからないね
んじゃあ もっとフレンドリーに 街頭でライブをやって みましょーよ！
そうして「たま」の 3人は町の中心部に 繰り出して突然 ストリートライブを はじめたのであった！
SINGHA
LAGER
デキソコナイ達が
行進してゆくよ
LAGER BEER

ダンニャバード！
（ありがとう）
シーン
エッ？
こっ こいつは何か まずかったかな…？
とっ とりあえず この場から 離れようか 知久くん
そっ その方が いいようだね 石川さん
じっ Gさんも 急いで楽器を 片付けようか
トボ トボ
ン？
ウシロに 気配が…
ゾロ ゾロ
ギニャ！
みんなついてきとるぅぅ〜〜!!

なるほど
わかった！
曲が終わったら
拍手するといういわゆる
西洋的なジョーシキが
まだ浸透してないんだ！
ザワ
ザワ
あ〜
だから みんな
まだ何かやるんじゃ
ないかと思って
ついてきてしまった
ってコトか〜
それは さながら
ハーメルンの笛吹き男か
先ほどまでストリートで演奏してた
「デキソコナイの行進」そのものの
出来事
「たま」は
世界の屋根ヒマラヤの麓《ふもと》で
地球の広さを改めて感じた
余談だが
ネパールでラジオに
出演するも
「ちく」は女性器の
意味らしく
放送禁止用語だった
※九州方言で『ボボ』は
NGワード！
ボボ・ブラジル
(1924 ~ 1998)
まさかネパールに来て
ボボ・ブラジルの
気持ちがわかることに
なろうとは…

〜つづく〜

第58話
20世紀の終わりに
「とおいスタジオ」は移転
その転換期に
「ニヒル牛」は
誕生した
に
ネパールから帰国した「たま」は
ここ武蔵村山の「とおいスタジオ」でこのスタジオの今後について話し合っていた
このスタジオではソロも含めると10枚以上はレコーディングしたなあ
けどやっぱフロが無いから泊まり込みも3日が限度だし
最初は気になんなかった駅からの遠さも年々キツくなってますよ
それに近くの日産村山工場も閉鎖するっていうし…

この「とおいスタジオ」もそろそろ潮時だね
ウン もっと駅から近い所に移転しよう！
こうして武蔵村山の「とおいスタジオ」は2000年をもって閉鎖し事務所と共に八王子駅前に移転する事になった
そして さらに別れはつづく
PARKING BLDG
たまの月例会
それじゃあ打ち上げの乾杯の音頭は斉藤《さいとう》くんにやってもらおうか
えーと皆さん今までお世話になりました！
カンパイ！
6月17・18日には約8年間居た武蔵村山への別れを惜しむように
ファンクラブ会員限定で「とおいスタジオ」のサヨナラライブを開催した
「たま」のサポートキーボードとしてツアーはもちろんネパールにも同行した斉藤哲《てつ》也《や》がソロ活動多忙のため3月28日の月例会をもってサポートを卒業する事になった

その引っ越し作業に追われる中で
0120 アント
新たに産声をあげた場所がある
それは西荻窪に開店した石川《いしかわ》プロデュースのアートギャラリー雑貨店
ニヒル牛
「ニヒル牛《ぎゅう》」だった！
に
これは店内にたくさんの小さな箱を置きそれを月1300円を中心に貸して
そこに法に触れない限り無審査でオリジナルの作品や雑貨等を展示して販売するという画期的なシステムの店である！
石川が20代の頃から温めていたアイディアを実現させた「ニヒル牛」は6月1日に無事オープン
6月 1日 (木曜)
店長は石川の妻石川あるが務める事になった

注・石川浩司は店員をしておりません

この「ニヒル牛」のシステムは後に「レンタルボックス」と呼ばれ全国で模倣されるが
特許はとっていないので石川へのロイヤリティは一銭も入っていない
そして2000年も終わりに近づき21世紀の足音が聞こえ始める10月25日
「ヒカシュー」の「20世紀の終りに」1曲のみを様々なアーティストがカバーするといったアルバム『トリビュート・トゥ・ヒカシュー「20世紀の終りに」』がリリース
20世紀の終りに
「たま」もこのアルバムに参加して独自のアレンジで「20世紀の終りに」を演奏し歌いあげた
「たま」の活動では9月28日から「しょぼたま」によるアルバム その名もズバリ『しょぼたま』のレコーディングをステラシアター小ホールでスタート
KAWAGUCHIKO STELLAR THEATER
その後10月29日越後湯沢でのファンクラブツアーを終えたその帰りに
ブロロー!!
作家・矢川澄子の黒姫にある邸宅に1週間ほど宿泊してそこでレコーディングを再開させた！
PAのオマタさん

作家・詩人
矢《や》川《がわ》澄《すみ》子《こ》
天才少女と注目された後
詩集『ことばの国のアリス』
小説集『架空の庭』等を刊行
翻訳家としても
『ぞうのババール』他多数の
名作の翻訳で名高い
バタン
ねえ！ みんな見て
満天の星空よ！
オオーッ
ウン
星がたくさんで
とても綺麗だな
ビッシリ
けどカメムシが
やたら多いのが
玉にキズだね〜
石川さん！
カメムシも生きて
いるんです！
トモダチなんです！
プ〜ン
ウプッ
ウフフフ

あっ！矢川さんにウケてうれしーな
クスクス
知久《ちく》くんは矢川さんをお母さんみたいに慕っているよね
ホントホント
これから約1年6ヵ後の2002年5月29日矢川は突然この世を去った
ちなみにこの2000年は絵本作家おーなり由子《ゆうこ》の作詞に知久が曲をつけた「ハオハオ」がNHK「おかあさんといっしょ」内で放送されている
BISCUIT
なんだかオレって絵本作家とか詩人に縁があるのかな〜
オレだって詩人の中原中也《なかはらちゅうや》の詩「月の光」に曲をつけてるモンねっ！
ハイハイ
そして20世紀もいよいよあと1ヵ月ほどで終わろうとする11月26日
11月 26日 (日曜)
ウギャーーー

ウヒョー!
石川は敬愛する
「突然段ボール with おにんこ」の
ライブにソロで参加
ボルテージは最高潮に達し
激しいパフォーマンスで
観客を沸かせた!
ブルンブルン
シャンシャン
シャンシャン
ヒヒーッ
パカッ
パカッ
ただいま〜!
今夜のライブは
サイコーだったぜ!
ちょっと
顔が赤いよ
また高熱が
出てるんじゃ
ないの?
カッカ
カッカ
コーフン
してるだけだよ
まあ一晩眠れば
落ち着くさ
そんじゃ
オヤスミ〜
ドキ
ドキ
ドキ
ドキ
オカシイ
まだ動悸が
おさまらない…

チュンチュン
チチチ…
けっきょく一睡もできなかったよ…
アラマー
念のために病院で診てもらいなよ
ウン…そーする
六国山病院
山病院
妻にうながされて病院を訪れた石川は心臓の検査を受けることになった

〜つづく〜

第59話
石川あわや
ドクターストップの危機
「たま」という船は
その速度を徐々に
落としはじめていく
いやぁ石川《いしかわ》さんアナタ
良かったですねぇ!
ハア?
心臓の負荷値が通常の4倍ありました
これは心筋梗塞でその場でバッタリ死亡してもおかしくない数値です

ゲゲーッ!!
いや ホントに検査して良かった ほっておいたら危険でしたよ
オレはもう少しでステージ上で死んでしまう所だったのか!
その後 精密検査も受けた結果 特に心臓に重大な疾患はなく 急激な運動が負荷値をひきあげたという事がわかった
大国山病院
ホッ
安心しました
しかし! 石川さん いいですか?
アナタはもうすぐ40という事を自覚して下さい
20代での100%の頑張りは40代では200%にも300%にもなって…
その対価は「死」なのです!!

来年で
いよいよオレも
40か…
オレは子供の頃から身体が弱くて発熱が多かったし今夜が峠とまで宣告された事もあるからずっと「死」について考えてきた気がする…
オレはオレがたとえどんな悲惨な死に方をしてものほほんとした何だかフフフと笑いたくなってしまう瞬間があった事を忘れたくない
戦死していった兵士
事故で即死した若夫婦
餓死した子供
自殺した老婆
彼らにだって「あっ」と思わず顔がほころんでしまう瞬間や嬉しい夢を見てニヤニヤする瞬間があったはずだろう
その瞬間がひとつでもあればオレはその人が産まれてきた事は良かったと思うのだ！
その瞬間こそが永遠だと思うのだ！
オレはというと　とても不器用だ！
不器用だけど産まれて良かったね!!
「死」はもしかしたら歯磨きや
靴を履くのと同じぐらいの事かもしれない
とりあえず命にかかわる事ではなかったけど
今後のライブは身体をセーブしつつやらないとな…

そうして2001年「たま」21世紀初のアルバム『しょぼたま』が1月30日にリリースされ
4月にクランクアップした塩田明彦《しおたあきひこ》監督の映画『害虫』が撮影され石川はキュウゾウという重要な役で出演した
キュウゾウー
害虫
主演の宮崎《みやざき》あおいは当時中学生で本作が映画初主演であり
クライマックスでは宮崎と共に石川は火炎瓶を投げる名演を翌年公開時に見せつける
「たま」の活動としては5月30日から6月4日までバリ島でのファンクラブツアーを終えた後
3人は7月から公演がはじまったケラリーノ・サンドロヴィッチ作・演出の舞台「室温～夜の音楽～」にまたも役者として出演
石川は老人役 知久《ちく》は子供役 滝本《たきもと》はロシア人役をそれぞれ好演した他作中音楽も担当し生演奏も披露した
知久くんとは3つしかちがわないのに知久くんは子供役でオレは老人役かーい！
プンプン
翌年にこの舞台で演奏した曲は好評を得てCD化された
室温
たま

その後9月28日
南青山MANDALA
での月例会で…
キンパツ
オオッ！
Gさん金髪に染めて
40を前にして
突然グレたね〜
まあ心機一転って
感じだね
あの…
心機一転したところ
言いにくいんですけど
ッ？
「たま」の
今後の活動について
3人で話し合いたいん
ですけど…いいスか？
エッ
3日後
知久の要望を受けて
「たま」の3人は
話し合いのテーブルに
ついた

「たま」も17年 続けてきましたし 新鮮みがなくなってる のは仕方ないにしても
なんつーか最近 マンネリ化してるのが すごく気になるんです
けどさ「大いなる マンネリズム」の 面白さってのも逆に あるんじゃない？
石川さんは その「大いなる マンネリズム」と「新鮮さ」 どっちが 重要ですか？
いや何年 経とうが何らかの 新鮮さが重要とは 思うけどさ…
最近は それぞれが 新曲をもってきても なかなか共通の アレンジが出来ない 事が増えてますし
もう「たま」も 今までとは違って きてますよね？
本業のバンド以外の 活動やソロ活動も 増えてますし
…………
だったらもう いっそのこと
終わりに しませんか？
いやっ！ 知久くん終わりって ソレはつまり…

もう月例会は
とりあえず終わりにしましょうよ
あっ 月例会！ ナルホド 月例会の話ねっ
新曲を練り上げて行く一種のお試しの実験場だったけど 最近は毎月新曲ができるわけでもないですし その役割は終わったと思います
ウ〜〜ン
たしかにそーだね… もう終わりにしてもいいかもね
Gさんはどう思う？
わかった… スケジュールの都合があるから今年中には止《や》められないけど
来年の1月をもって月例会は最後にしよう
ポン
月例会を止めた分さまた色々な人たちとのコラボレーションを増やして新しい方向性を発見しよーぜ！
…ハイ
発見できるといいっスね

「たま」も まだ何か 面白い事が 出来ると思う
だから もうちょっと この3人で 続けていこう
年が明けて 2002年
1月28日 MANDA-LA2で 予定通り最後の 月例会ライブは 開催され
たま
OPEN 18:30 START 19:00 CHARGE¥2500+ drink
月例会
「たま」という船は その速度を
徐々に徐々にと 落としはじめていった

～つづく～

第60話
「たま」は4人時代から続けていた月例会を終了
そして2003年に知久は決定的な一言をつぶやいた
2002年 1月28日 MANDA-LA2にて
「たま」は 1994年から 8年間続けて来た 月例会ライブを 終了させせた
ヤナちゃんが いた頃から続いてた 月例会もついに 終わりか…
ちょっと さびしい 気持ちはあるけど
まあ これから 仕切り直しって事だね
それで いい方向に進んで いけばいいっスね

2月には昨年出演した
ケラの舞台「室温～夜の音楽～」
が深夜テレビドラマ化され
配役は本職にゆずったが
「たま」は演奏と歌で
ドラマ出演した
そしてこの少し前から
デビュー初期の曲と
最近の曲とを混ぜた新企画
『「たま」の温故知新』
ライブをスタートさせている
ちなみに以前に
「たま」のサポートを
卒業した斉藤哲也《さいとうてつや》が
またサポートとして
復帰したのも
この時期であった
その後「たま」は
北海道石狩市で
開催された野外フェス
「ライジング・サン
ロックフェスティバル」
に出演
これは8月16・17日の
2日間・4会場にわけて
計71組のアーティストが
出演する大規模なイベント
だった!
明日は井上陽水《いのうえようすい》さん
に忌野清志郎《いまわのきよしろう》さんや
矢野顕子《やのあきこ》さんも
出るんだ
他にも「THE BOOM《ザ・ブーム》」や
「↑THE HIGH-LOWS↓《ザ・ハイロウズ》」
に「Dragon Ash《ドラゴン・アッシュ》」
元《はじめ》ちとせさんや
石野卓球《いしのたっきゅう》くんとか
人気アーティストが
目白押しだね
まてよ…
コレって
もしかして…

陽水さんやキヨシローさんみたいなソロの人をのぞいてバンドとしたらオレたちが最年長のジジイバンドじゃないか⁉
ウワ〜確かにそーかも
いつの間にこんな事になっていたとは…
結成18年目ですもんね
8月30・31日には「しょぼたま」で全日本ちんどん博覧会に出演してちんどん楽団「アダチ宣伝社」と共演
11月には早川義夫《はやかわよしお》とジョイント
12月には明和電機《めいわでんき》とジョイント
年が明けて2003年1月にはTOMOVSKY《トモフスキー》とジョイント
こうしてジョイントしたアーティストたちも石川《いしかわ》個人としては素晴らしい出会いであったが
「たま」というバンドとして新しい方向性を発見するには至らなかった
少なくともオレ自身が新しくて面白い事を知久《ちく》くんとGさんとの共同作業で発見できないんだよな…

そんな中「たま」は
劇団ダンダンブエノの芝居
「いなくていい人」の
音楽を担当
生演奏にあわせて役者が
ダンスするトライアルダンス演劇
だったために練習を
みっちりと行った
その劇伴曲を
一発録りしたら
いい感じに仕上がった
ので
アルバム
『しょぼたま2』
として急遽リリース
結果
それが
「たま」の
ラスト
アルバムに
なった
この頃に
滝本《たきもと》は金髪を
バッサリ切って
メンバー全員が
短髪となり
その後も「たま」は
立て続けに芝居に
出演する事となった
きんし
パークスタジオ
第2スタジオ
その芝居はおなじみの
ケラリーノ・サンドロヴィッチ
作・演出のミュージカル
「ドント・トラスト・
オーバー30」
カツラ
← 地毛
カツラ
グループサウンズをテーマに
した内容で「たま」の3人も
劇中バンドのメンバー役で
出演し生演奏も披露した!

「いなくていい人」「ドント・トラスト・オーバー30」どちらの芝居も練習に時間を費やし
その間は「たま」としてのバンド活動も休止せざるを得なく
どちらも芝居自体は楽しいものではあったがあるいはそれが決定打となってしまったのかもしれない
じゃあ お先に失礼しまーす
いや〜 今日の稽古は疲れたね〜
………
………
ポク
ポク
ポク
ポク
ピタッ
あの〜 オレ…
!?

「たま」辞めます

うん……
わかった……
一瞬の間のあと ふたりとも 小声で返事を した
いや もしかしたら 声には出て いなかったかも しれない
顔で「わかった」と 言っただけかも しれない
「たま」は言葉のいらない 老夫婦のような域に達して いたのだから
そして実際に 「そろそろだよね」と いうのは感じていたのだ

「たま」を辞める その言葉は知久からだけでなく石川や滝本から出てもおかしくないものだった
そういう事を感じながらも少し自分を誤魔化してそれを引き延ばしていたという方が正確かもしれない
だから石川も滝本もその知久の言葉には
すぐに納得したのだ
ソレガイチバンタダシイホウコウダトオモッタノダ

〜つづく〜

第61話
「たま」は
二十歳になる直前に
吉祥寺でその船の
停泊を決めた
オレ…
「たま」辞めます
芝居の練習の帰り道で知久《ちく》がもらした決意の一言に
滝本《たきもと》も
石川《いしかわ》も同意した

製作所
ブロロロローーッ

トゥルル～
トゥルル～
宇多田《うただ》ヒカルか…
たしか二十歳《はたち》だっけ
COLORS
COLORS 2003.1.29
発売中!
考えてみると
バンド結成した頃に
産まれたのか…
端から見れば
みんな ただの
中年親父だろうが
お互いが顔を
突き合わせて
いる時
3人の中では
いつだって時計は
止まっていた
気がする
2003年時の
成人年齢は20歳
バンドを結成して19年
「たま」は大人に
なる前にその航海を
終えようとする
あのビートルズですら
活動期間は10年も
なかったのだ
その倍近い時間を
楽しんで活動出来た
事は本当に幸せだった
2003年8月
ファンクラブ会報で
「たま」が10月のライブを
もって解散する事が
伝えられた
解散!!
TELLL
ハイ
もしもし
知久ですが
ピー
ファックスを
受信します

ウイーーン
カタ
カタ
カタ
あ〜 ベイビーからのファックスか〜
ちくさんへ
解散を思いとどまってください!!
ワタナベベイビーより
解散を伝えてから毎日届くんだよな…
TELLL
そして石川宅では…
ダンナー 電話だよー
ハイもしもし あっ俊二《しゅんじ》さん どーしました?
「突然段ボール」
蔦木《つたき》 俊二
エエ゛ー!?

それは石川が最も影響を受けたアーティスト「突然段ボール」のリーダー蔦木栄一《えいいち》氏の訃報だった
肝硬変によって8月25日に49歳の若さで旅立ってしまった
アニキさ 死ぬ前にこう言ったんだよね
「肉体の死は死じゃないから」って
ハイ…連絡ありがとうございました
ハイ それでは…
馬鹿だなぁ
死ぬだなんて
「肉体の死は死じゃないから！」
肉体の死は死じゃない
肉体の死は死じゃない
肉体の死は死じゃない

肉体の死は死じゃないんだぁっ!!
石川は蔦木栄一が遺したという言葉を繰り返し
涙があふれ止まらくなってしまった
翌月9月は下呂温泉で最後のファンクラブツアーを行い…
そして運命の10月ここ吉祥寺STAR PINE'S CAFE《スターパインズカフェ》において28・30・31日の3日間
「たま」の解散ラストライブ「たまの最期!!」が開催される事になった!
急遽会場をおさえたから先に29日が予定入ってて
3日連続ライブとは行かなかったね
あと出来ればホームのMANDA-LA2でやりたかったけど
さすがにキャパ小さいからムリでしたね
けどさこのSTAR PINE'S CAFEも曼荼羅《まんだら》グループだし
やっぱりラストライブはココが一番だよ!

「たま」のラストライブはオールスタンディング超満員の観客で埋まり
28・30日公演両日ともに大盛況だった！
そして10月31日正真正銘のラストライブの日
TOKUTAKE PARKING BLDG.
〈たまの最期!!〉
たま
会場前ではチケットをとれなかったファンが当日券を求めて入《はい》れる保証の無い整理券を受け取り祈っていた
18
19
20
えーと 整理券をお持ちのみなさん2階席の奥の奥となりますが
全員入場できる事になりましたので整理番号順にお入りください
ワーーーッ
パチ
パチ
パチ
パチ
当日券の観客もつめこんだSTAR PINE'S CAFEは満員電車のようにスシ詰め状態となった！
ザワ
ザワ
ザワ

イヨッ！
みんな久しぶり
楽屋には前事務所の
江《え》口《ぐち》社長や元スタッフ
等の懐かしい人たちが
やって来てくれた
その中に
解散を翻意する
ようにと
知久にファックスを
送り続けた
ワタナベイビーの
姿もあった！
「たま」の解散を
受け入れられない
ワタナベイビーは
酒をあおり続けた
下戸《げこ》である彼が
こんなに大量の飲酒をした事は
生まれて初めての事だった

～つづく～

最終話
「たま」が長い航海を
終えるラストライブで
一人の男がその船に
飛び乗った
TOKU TAKE
PARKING BLDG.
〈たまの最期!!〉
たま
開場18:00開演19:00 ¥4000+ドリンク代
MANDA-LAS
2003年10月31日
吉祥寺STAR《スター》 PINE'S《パインズ》
CAFE《カフェ》にて開催された
「たま」ラストライブ
「たまの最期!!」は
「ロシヤのパン」
から始まった!
2曲目は
「学校にまにあわない」
イヨ〜
その次は「らんちう」と
3曲続けてファースト
アルバム『さんだる』に
収録された曲を演奏した

魚でいちばん
かなしい金魚
金魚でいちばん
かなしいらんちう
最後の「らんちう」のセリフは知久《ちく》の要請で滝本《たきもと》が語ることになった!
ランラン
ラーラー
ララララ
ララー
今日 そーですね知久くんに最後の「らんちう」のセリフやってみないかって言われちゃったんで
私 あの やらせていただいております
でもですね コレねー今日は難しいですよ最後ですからね
最後サイゴーもう本当に「サイゴー」だらけで…
今日のキーボード
「サイトー」哲也《てつや》!
ラストライブのサポートキーボードはもはやメンバーと言ってもいい存在の斉藤《さいとう》哲也だった
アーッ!!

以降「たまの最期!!」本編
セットリスト
4・丘の上
5・リヤカーマン
6・へっぽこぴー
7・とかげ
8・箱の中の人
9・ゆめみているよ
10・夢の中の君
11・汽車には誰も乗っていない
12・ハダシの足音
13・南風
14・学習
15・ハッピーマン
「たま」はラストライブでも ふだんのライブと変わらず いつも通りに淡々と演奏した
クーッ
キャーッ
…………
フラフラ〜
エッ？
ベイビーが飛び入り参加させて欲しいって？
じゃあアンコールでの「おやすみいのしし」でもいっしょにやってもらおうか
マネージャーワタセ氏↓

アンコールではワタナベイビーの前にまずライオン・メリィがゲストでステージに登場
アンコール1曲目の「星を食べる」で斉藤哲也とのダブルアコーディオンを披露
パパパパ
チチチ
そしてアンコール2曲目「あるぴの」を演奏後「たま」はいったん舞台袖に下がり…
万雷の拍手を得て2度目のアンコールに応えてステージへと舞い戻った！
ドワーッ
えっと色んな友達が観に来てくれてるんですけど…あの出たがりのヤツがひとり来てるので次の曲をやる間に来るよーに
次の曲が終わる前には来ないよーに！
えー じゃあベイビーいたら
ワタナベイビーいたら来て！
キャーッ
ワーッ
そして「海にうつる月」演奏後…
アレ？ベイビー来ないの？

フラ フラ
パチ パチ パチ パチ パチ
あ！いたいた 挙動不審の ワタナベイビー！
…では ちょっと
古めのナンバーを 1曲やって いいですか？
いやダメダメ ダメだよ！
どーしてもコレを やんないとおさまんない
ダメダメ！ ウチでやって ウチで！
ピアノもちゃんと 弾けるかどうか 分からないんですが…
ま しょーがないか じゃあ
何やるんだよ～
きっと アレやるよ アレ！
ポロロロ ポロロロ ポロロ…
ザワワーッ

二酸化炭素を
はきだして〜
それは「たま」デビュー時の大ヒット曲「さよなら人類」だった！
ワーッ
パチパチ
アハハハ
パチパチ
パチパチ
あのこが呼吸をしているよ
知久はワタナベイビーのマイクの位置を直して覚悟を決めた
柳原《やなぎはら》の脱退後は企画ライブで特別に1・2回ほど演奏した以外はほぼ封印されていたこの曲
もちろん打ち合わせもなければリハーサルもない完全なサプライズに観客は大いに盛り上がると同時に
ワタナベイビーがこのサプライズをどこまでやりきるのかと固唾《かたず》を呑んで見守っていた！
やめないで〜ずっと「たま」でいて〜
ボクさびしいよ〜

ワーーッ
みんなも さびしいよ〜
パチパチパチパチパチ
やめないで〜
いつか いっしょに なってね〜
おいおいベイビー アドリブまで やるか〜
しかし滝本は完全にコードを忘れてつまずいてしまった
さるーさるー
さる〜 Bフラット〜〜〜
知久は歌いながらも助け船を出した
モンキー滝本をヨロシク!
バナナを与えないようお願い申し上げます!
演奏がグダグダになりながらも意に介さず さらにワタナベイビーは歌い続け…
あのこは花火を打ち上げて
ついに曲は3番のサビへと突入した!
あのこのかけらが見つからない
今日人類がはじめて木星についたよ

ついたーっ!!
ワァーッ
パチパチ
パチパチ
パチパチ
パチパチ
ピーテカントロプスになる日も近づいたんだよ
今日人類がはじめて木星についたよ

ついた
ついたよ
ヤッホー
ピテカントロプスになる日も
近づいたんだよー
あ〜 コレは最後までやりきる気だな…
ラララララ
ったくベイビーめ〜
けど まぁいっか!
ラララララ
こーいうコトでもなけりゃ思い出深いこの曲を
演奏しないで解散してただろうからね!
ラーラーラーラーラー
ラララ
ラララ

カイボーするならコームイン〜♪
ジャカ
僕ステキでしょホホホホ〜♪
ジャ
トシなら16歳ですよ
あ　オレは知《ち》久《く》寿明《としあき》っていいます
ラララ
ララ
ララララ
ラ
平成
平成名物TV
「たま」!!
たま

ラーラー
ハイ 柳原陽一郎《やなぎはらよういちろう》です
地図みて ココを調べて マージャンしに来ました
MAP 杉並区
こんばんは Closed.G.showの 滝本《たきもと》です
メンバー全員に 逃げられたので 今日はひとりです
ラーラー
ララララ
ララララ
サンキュー! ヤナちゃん
カッコよかったぜっ!
1995年12月24日 柳原幼一郎 脱退
ねぇ 笑って くれ よ
その後もまた「たま」の ライブに飛び入り参加する 事になるのだが それはもう少し先の話である

サルには なりたくない
サルには なりたくない
こわれた磁石を 砂浜でひろって いるだけさ〜
ラーラー
ラーラー
ラララ
ラララ
今日 人類がはじめて〜
木星についたよ〜
島が 見える よ！
ピテカントロプスに なる日も
近づいたんだよ〜
サルになるよ〜
サルになるよ〜
ピー
…出来た！

ドワワーッ
オー すごい拍手！ テンプラが揚がってる みたいだ！
パチパチ
たまー!!
キャー!!
パチ パチ パチ パチ
ありがとベイビー ありがとね この出しゃばり！
パチ
パチ
もう1回 やります？
いや ダメダメ！
パチ パチ
パチ パチ パチ パチ
じゃー えっと 本当に長い間 どーもありがとう ございました－！
よしじゃあ サイゴ！
1・2・3・4・5

おやすみいのしし!!
思い返せば「たま」結成の1曲目はこの「おやすみいのしし」であった
おやすみ
いの・いの・いの・
いの・いのしし!
パチ パチ パチ パチ パチ パチ
たまー!
ワーッ
長い間アリガトーッ!!
その後3度目のアンコールに応えて「鐘の歌」をシットリと歌い上げ…
そして舞台袖へと下がりこれで最後かと誰もが思った
しかし「たま」はまたステージ上に戻ってきた!
キャーッ
ワーワー

否《いな》！それは「たま」であって「たま」ではない
「モジャラーズ」であった！
「モジャラーズ」は「ヒゲのある暮らし」を熱唱した
ヒゲのある暮らし〜
もちろん「たま」である事は観客の全員がわかっていた
ヒゲのある暮らし〜
CD未収録のこの曲が「たま」が最後…いや「最期」に演奏した曲となったのだ
ヒゲのある暮らし〜
ヒゲのある暮らし！
ハイ!!
サンキュー！
ワー！
サンキュー！
パチパチ
パチパチ
パチ
パチパチ
サイゴがこれかよなんて思って帰ってくれよー
パチパチ
パチパチ

ビリッ
「モジャラーズ」というのはウソ！
本当は「たま」でしたっ!!
たまーっ!!
ペコッ
ワー!!
パチパチパチパチ
ピタッ
エッ!?
アァ…
キャー!!
ウワーーッ
暑いね……

ファサッ
アハハハハ
パチ
パチ
パチ
パチ
パチ
パチ
パチ
石川《いしかわ》さんが
あのランニングを
客席に投げてたり
マイクスタンドにも
置かずにそのまま
楽屋に戻ってたら…
きっとオレは
酔いにまかせて石川さんに
「そのランニングを下さい！」
だなんて言ってたかもしれない

後ろで観客の悲鳴のような声が聞こえていたが
パチ
パチ
石川は振り返る事はしなかった

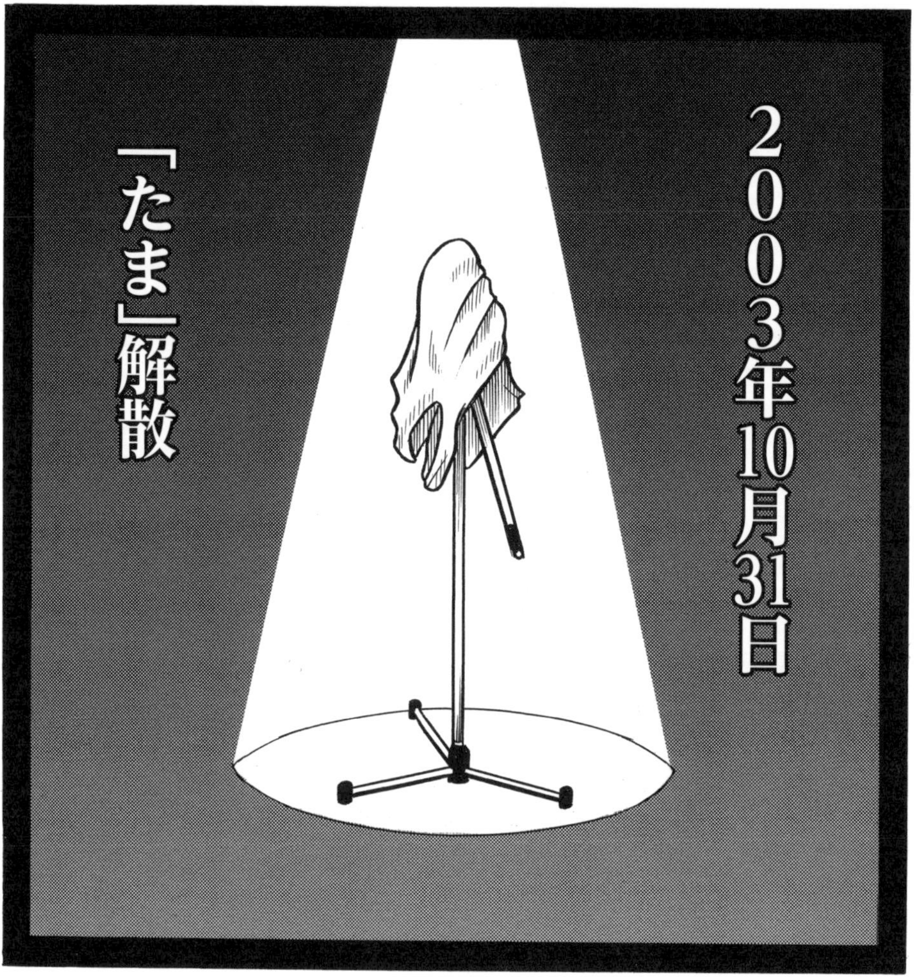
2003年10月31日
「たま」解散

〜つづく〜

エピローグ
石川浩司・知久寿焼・滝本晃司は「たま」という船から降りそしてひとりずつに

ワーッ
こんな感じが
「たま」でしたっ！
パチパチ
解散ライブは大盛況で終わった
お疲れさーん！
解散したけど知久《ちく》くんとは来月から「パスカルズ」のツアーで一緒なんだよね
腐れ縁ですな
吉祥寺
んじゃあお疲れ〜
じゃあまた〜

「たま」は
一艘《いっそう》の船だったのだ
最初は3人が乗っていた
途中でひとりが乗り
ひとりが降りた
予想を遥かに超える大波が襲ってきた事もあった
凪の日もあった
泥舟からはじまり
それがボートや漁船果ては豪華客船にまで変化し
また普通の船に戻っていったが
でも さすがにそろそろ老朽化してきたようだ

2003年10月
「たま」は船を降りることにした
知久も滝本《たきもと》も早速ソロ活動をはじめた
柳原《やなぎはら》は数年前から本名の「柳原陽一郎《よういちろう》」にもどして精力的に音楽活動を続けている
石川《いしかわ》も解散翌月の11月にソロアルバム『おいしいうそがいっぱい』をリリースした
みな挨拶もそこそこにもう新しい大地をそれぞれ夢中になって歩きはじめている
地球は丸いから
いつかまた
会おうね
バイバイ!

石川は
ひとりになった
ひとりでちょっと
そこに佇《たたず》んで
久しぶりに
本当に久しぶりに
ひとりで道を選んで
歩きはじめた

ただいま！
ただいま？
ただいま！
ただいま
あああ！

ただいま
おかえり

〜おわり〜

「玄関」
作詞・作曲　石川浩司

もしも何かの間違いで
君に手錠がかけられたとしても
僕はずっと君の味方だよ
例え世界中が敵にまわったとしても
僕はずっとずっとずっとずっと
君の味方だよ　ホーッ

ただいま　おかえり
ただいま　おかえり
ただいま　おかえり
ただいま　おかえり…

もしも僕らふたりだけが
村八分になっても
僕は君の味方だよ　ホーッ
例え世界中が敵にまわったとしても
僕はずっとずっとずっとずっとずっと
君の味方だよ　ホーッ
ただいまー　ただいまー　…ただいま?　ただいま!

ただいまあああ!

おかえり。

スペシャルサンクス

【出演】

知久寿焼

滝本晃司

柳原陽一郎

ワタナベイビー

石川ある

三宅裕司　吉田建　鴻上尚史　中島啓江　竹中労　萩原健太　相原勇
サイバーニュウニュウ（メカ・エルビス　レプリ・シン）　黒沢伸　THE WEED　TRIDENT
あかね　水橋文美江　FLYING KIDS　BEGIN　ジャクソン井口　今野多久郎
マルコシアス・バンプ（秋間経夫 佐藤研二 鈴木ユタカ 石田光宏）　伊藤銀次
大島渚　グーフィ森　スイマーズ　人間椅子（和嶋慎治　鈴木研一）マサ子さん（マユタン　サブリナ）
江口勝敏　ケラリーノ・サンドロヴィッチ　大槻ケンヂ　のびちゃん（W 君）
RC サクセション（忌野清志郎　仲井戸麗市　小林和生　新井田耕造）　アンジー（水戸華之介）
KUSU KUSU（川上次郎）　ダイアモンド✡ユカイ　滝本夫人　Y嬢　森進一　五木ひろし　植木等
ピンク・レディー（未唯 mie　増田恵子）　西田敏行　吉田栄作　島桂次　今井次郎　釈由美子　友部正人
小俣佳久　さねよしいさ子　栗コーダーカルテット（栗原正己　川口義之　関島岳郎　近藤研二）
突然段ボール（蔦木栄一　蔦木俊二）　上杉あや　マーク・リーボー　岡本直也　上田禎　佐藤ミッシェル俊雄
ライオン・メリィ　斉藤哲也　ロケット・マツ　足達英明　鈴木アキラ　大谷氏　小宮山雄飛　大工哲弘
レ・ノンヌ・トロッポ　吉田戦車　稲川淳二　原マスミ　ピアニカ前田　矢川澄子
宮崎あおい　早川義夫　明和電機　TOMOVSKY　渡瀬恵（登場順）

【ファンアート及びイベント協力】

榎屋克優
太田垣康男
高妍
額縁あいこ
柏木ハルコ
雁須磨子
コナリミサト
田亀源五郎
武富健治

二駅ずい
蛭塚都
三本阪奈

長嶋有
内田雅明
ワタナベイビー

【資料提供】

稲垣高広
Kobataka
湯沢としひと
こなつ
金子志津枝

【応援】

とりやま忠治
小骨トモ
たまセッションオフ会有志

あとがき

石川浩司

本書は「たま」解散時に僕が上梓した同名エッセイの漫画版後編です。「ちょっと変わったバンド体験だったな。思い出の為にも記録を残しておくかー！」と軽い気持ちで書いた物が、まさかその後20年経って漫画になるなんてビックラです。また僕の著作は僕個人の視点でしたが、漫画化に当たってワタナベイビーはじめお客さんなどからの客観的感慨も加わり、遥かに読みやすくまたイメージが鮮明になるのもサイコーでした。

そもそも若い頃に僕が通ってたライブが漫画にもある三上寛、「突然段ボール」、原マスミに加え、「すきすきスウィッチ」、小川美潮など、いずれも刺激的で独創的ではあったけど、そのアンダーグラウンド性により、失礼ながら商業的に大成功しているとは言えないミュージシャンばかりでした。そんな人たちを聴いて活動を始めた僕がまさか紅白に出ることになろうなど、ヘソでカップ麺を沸かすよりあり得ないことでした。なので「たま」を始めた頃でもそれで食えるなど露ほども思っておらず「一生バイトしながらライフワークとして音楽活動をしていこう」としか考えてなかったグータラ者でした。

よくデビューまでソロを含め10年と言うと「苦労なさいましたね」などと言われることもあるけど、こちらとしてはポカンでした。パチンコやカラオケをしてる人に苦節何年と言わないように、ただただ好きなことをやっていただけですから。これが「ビッグマネーを得る為」とかだったら、そこにたどり着くまでは苦労になるけど、そもそも売れることを目指してなかったので苦労もなかったのです。とは言っても少しでもお金を頂戴すればもちろん嬉しいので、姑息な画策くらいは考えてましたが。ウシシ。

さて「たま」の成り立ちをもう少し説明すると、山下由というシンガーと僕のふたりでやっていた「ころばぬさきのつえ」というバンドが実は意外と重要でした。このバンドはふたり以外はメンバー不定で、知久くんや柳ちゃん、また現在「ホルモン鉄道」の大谷氏や、「パスカルズ」のあかねなども時には参加してました。ステージ上で僕が電動バリカンで頭を刈られながら詩を朗読したり、街に飛び出しゴミ捨て場のゴミを拾い、頭から大量に被って歌ったり、客席とステージの間を全面新聞紙で覆いそこに穴を空け顔だけ出してトークしたり、他にもここには書けないようなパフォーマンス性重視のバンドでした。そして僕らのイベントで1回こっきりのバンドごっこをすることになった時、知久くんと柳ちゃんが『ころばぬさきのつえ』

も面白いけど、もう少し音楽的な遊びをしようよ〜」と生まれたのが「たま」だったのです。ちなみに天才詩人と謳われた相棒の山下由は、もうこの世にサッサとオサラバしてしまいましたが。

その後の展開は本書の通りです。ドキュメント漫画ゆえ、事実と異なることがあるとメンバーから「そんなこと言ってねーぞ！」のクレームは怖いので、出来る限り事実に忠実を守りました。当時はまだネットも無かったので、原田高夕己先生や編集の平田昌幸さんらが必死で資料を集めてくれ事実確認をしました。特に原田先生は実際に舞台になった現地に赴き写真撮影など、可能な限り当時を再現してくれました。ありがとう。

最近はメンバーのソロライブなどに、僕らが解散した後に生まれた人たちすら来てくれることもあります。これはネットで簡単に過去動画が観られるようになったことが大きいです。さらに昨年はＮＨＫのテレビ番組で星野源さんが「時々無性に聴きたくなる音楽」として僕らを取り上げてくれたり、荻上直子監督の『川っぺりムコリッタ』という映画は僕らの曲にインスパイアされて作られた作品であったり、最近若者に人気の「フレデリック」や「新しい学校のリーダーズ」のメンバーがイ

あとがき　石川浩司

ンタビューで「たま」好きを公言するなど、様々なアーティストに影響を与えているのを知ると、ニヤリが止まりません。

そういえば昔レコード会社の人に「『たま』は宣伝がよくわからん。若者が好む音楽なら若者向けに広告を打つのだが、ファンが老若男女様々でターゲットが絞れない」と言われたのですが、「ニヒル牛」を作った当初は「たま」ファンのアート作家が多かったのだけど皆レベルが高く、実はファンは年齢層ではなく「自分たちで創作する人たち」という共通点があったということが遅まきながら分かったのでした。

さて、元メンバーですが、現在全員まだ活発にソロやバンドなどで活動しています。とは言え僕も去年突然救急車で運ばれ、一瞬だけど生死を彷徨ったりもしたので、タイムリミットはあるんですよね。人は全員いつか必ず死ぬことだけはハッキリしているので、是非まだこっちの世界にいるうちに会いに来ていただければ幸甚です。

ちなみに漫画家の原田さん、編集の平田さんは共にそもそも「たま」ファンでもあったので、仕事を超えた仲となり、去年今年と2年続けてタイに一緒に遊びに行ったりもしている友達にもなっちゃった。

ふたりとも、連載終わってもまた来年もチェンマイのあの小汚い店で、一緒に飲もうぜーッ！

あとがき

原田高夕己

漫画版『「たま」という船に乗っていた』をお読みいただき有り難うございました！
応援していただいた皆様のお陰で無事完結することができました。

今巻で完結という事で私にもあとがきのスペースを多くさいていただきましたので、前巻「さよなら人類編」で割愛した、この作品の漫画化（コミカライズ）の詳しい経緯をこの場を借りて書き記しておきます。

事のはじまりは２０１８年４月、漫画家・とりやま忠治先生が２００４年に上梓した石川さんの自叙伝『「たま」という船に乗っていた』のコミカライズの資金確保のためにクラウドファンディングを立ち上げた事でした。

私は「たま」ファンのオフ会ですでにとりやま先生とはお会いしていたので、その企画に賛同してクラウドファンディングに出資もしましたが、残念ながら目標金額に届かず不成立。とりやま先生は商業出版へのオファーを待つ事にし、それから１年すぎました。

その1年の間に、私がコミカライズをしたいという欲がムクムクわき上がったのです。

まずは冗談めかしてTwitter（現X）で「かわりに私がコミカライズしていいっスか?」みたいなコトをつぶやいたら、原作の石川さんから「とりやま先生がいいっていうならね」とお答えいただいたのでそれを言質とし、２０１９年の石川さん生誕祭ライブの日だったと記憶していますが、とりやま先生にお会いして直接「僕にコミカライズをさせていただけませんか?」と承諾をとりました。そうしてライブのあと石川さんにも、その旨のご報告をしたのです。

さて私がコミカライズを譲り受けるにあたり考えたのはTwitter上で毎月無償で連載をするという事です。

Twitterで評判になった漫画が出版社からのオファーを受け商業連載化するというケースがこの時期増えていたので一縷の望みとしてそれに賭けたのです。

準備期間を置いて２０１９年12月からTwitter上で連載はスタート。

その後パンデミックが起きたりと色々ありましたが、原作の石川さんには無償にもかかわらず毎回ネームと完成原稿のチェックをしていただき、事実と違う時は指摘していただき、また原作には無いエピソードも教えていただきました。

しかし連載もそろそろ10回目に突入しようとする秋になってもオファーは来ない。シビレを切らした私は、オファーを待たず原稿を持ち込みしようと石川さんに相談したのですが……

「そんなに急ぐ事はないよ、まだ待ってよーぜ」

石川さんは笑顔でそう答えました。

漫画家・小骨トモ先生からのダイレクトメールが届いたのはそれからほんの数日後だったと記憶しています。

「私の担当さんが直接やり取りをしてみたいそうなのですが…！　どうでしょう？」

どうもこうもありません、即「ご紹介お願いします！」と返信して、紹介していただいたのが双葉社ｗｅｂアクションの辣腕編集者・平田昌幸さんでした。

そうしたいきさつで無事目標の商業連載と単行本化が実現したのです。

私はこの石川さんの幸運を引き寄せる力に改めて驚かされました。

焦る私と対照的に泰然と構えているなと思ってたら、すぐに好条件のオファーが舞い込んできたのですから……。

まさに私の尊敬する藤子不二雄Ⓐ先生の名作「まんが道」に出て来た言葉「毒蛇は急がない」を体現してると感じました。自信のある者は慌てないといった意味のタイのことわざです。

タイといえば石川さんが毎年2月に避寒で滞在しているタイのチェンマイに、2年連続で私も担当の平田さんも遊びにいきました。

連載が終わった今、真っ先に考えたのは次の仕事や生活の事ではなく、また来年もチェンマイに旅行したいなという事でした。

3年（Twitter連載含めたら4年）の連載で、私もすっかり石川さんの「毒」にやられてしまったのかもしれませんね。

「たま」という船《ふね》に乗《の》っていた らんちう編《へん》

2024年5月25日第一刷発行

【原　作】石《いし》川《かわ》浩《こう》司《じ》
【漫　画】原《はら》田《だ》高《たか》夕《ゆ》己《き》

【発行者】島野浩二
【発行所】株式会社双葉社
〒162-8540東京都新宿区東五軒町3-28
TEL 03-5261-4818(営業)
03-5261-4844(編集)
【印刷所】三晃印刷株式会社
【製本所】株式会社若林製本工場

【装　丁】星野ゆきお VOLARE inc.

落丁・乱丁の場合は送料双葉社負担でお取り替えいたします。
「製作部」あてにお送りください。
ただし、古書店で購入したものについてはお取り替えできません。
TEL(製作部)03-5261-4822

本書のコピー、スキャン、デジタル化等の無断複製・転載は
著作権法上での例外を除き禁じられています。
本書を代行業者等の第三者に依頼して
スキャンやデジタル化することは、
たとえ個人や家庭内での利用でも著作権法違反です。

定価はカバーに表示してあります。

双葉社ホームページ
http://www.futabasha.co.jp/
双葉社の書籍・コミックが購入できます。

©石川浩司／原田高夕己2021

ISBN978-4-575-31878-4 C0095
JASRAC 出 2402960-401

webアクション

【初出】
第 30 話 webアクション—'22年9/2配信
第 31 話 webアクション———10/7 配信
第 32 話 webアクション———11/4 配信
第 33 話 webアクション———12/2 配信
第 34 話 webアクション—'23年1/6 配信
第 35 話 webアクション———2/3 配信
第 36 話 webアクション———2/17 配信
第 37 話 webアクション———3/3 配信
第 38 話 webアクション———3/17 配信
第 39 話 webアクション———4/7 配信
第 40 話 webアクション———4/21 配信
第 41 話 webアクション———5/12 配信
第 42 話 webアクション———5/26 配信
第 43 話 webアクション———6/9 配信
第 44 話 webアクション———7/7 配信
第 45 話 webアクション———7/21 配信
第 46 話 webアクション———8/4 配信
第 47 話 webアクション———8/18 配信
第 48 話 webアクション———9/8 配信
第 49 話 webアクション———9/22 配信
第 50 話 webアクション———10/6 配信
第 51 話 webアクション———10/20 配信
第 52 話 webアクション———11/3 配信
第 53 話 webアクション———11/17 配信
第 54 話 webアクション———12/15 配信
第 55 話 webアクション—'24年1/5 配信
第 56 話 webアクション———1/19 配信
第 57 話 webアクション———2/2 配信
第 58 話 webアクション———3/1 配信
第 59 話 webアクション———4/5 配信
第 60 話 webアクション———4/19 配信
第 61 話 webアクション———5/10 配信
最 終 話 webアクション———5/31 配信
(単行本先行発売)
エピローグ webアクション———5/31 配信
(単行本先行発売)